Franziska von Au

Erfolgreich auftreten **im Beruf**

Inhalt

1
2
3
4
5

1 Was Sie für einen guten Auftritt brauchen

→ Erfolgreiches Auftreten hat viele Aspekte: das äußere Erscheinungsbild, Ihre Körpersprache, ja selbst Ihre rhetorischen Fähigkeiten. Doch die Grundlage für einen positiven Auftritt ist immer Ihre Ausstrahlung, die zeigt, dass Sie mit sich selbst im Reinen sind – mit Ihren Stärken und Schwächen, mit allem was Sie noch erreichen oder verbessern möchten. Wenn Sie sich über diese Faktoren klar sind, dann meistern Sie jeden Auftritt von der ersten bis zur letzten Sekunde – erfolgreich und selbstbewusst.

Was beim Kennenlernen wirklich zählt

In Sekunden nur entscheidet unser Gegenüber, was es von uns hält. Und bekanntlich ist der erste Eindruck der wichtigste, da er schwer zu revidieren ist. Beim ersten Kennenlernen laufen in unserem Unterbewusstsein Prozesse ab, die wir mit dem Verstand nicht erfassen, die aber darüber entscheiden, ob wir jemanden sympathisch finden. Dabei können auch körperliche Charakteristika eine Rolle spielen, müssen aber nicht ausschlaggebend sein.

Dieser erste Blick dient laut Evolutionspsychologie eigentlich dazu, Informationen über einen möglichen Partner zu sammeln. Natürlich sind Sie im Berufsleben üblicherweise nicht auf Partnersuche. Dennoch können auch Sie nicht aus Ihrer Haut heraus und sich unserem genetisch ererbten Verhalten entziehen. Zunächst entscheiden nämlich unsere Gene, ob uns jemand angenehm ist oder nicht. Erst danach schalten wir das Gehirn ein und lassen den Verstand mitbestimmen. Dann hat sich jedoch der erste Eindruck schon fest eingeprägt und lässt sich nur schwer durch verstandesmäßige Beurteilung wieder »ausradieren«. Legen Sie daher auf Ihren ersten Eindruck immer besonderen Wert!

INFO

Nur acht Sekunden ...

Laut Wissenschaft, die sich mit der menschlichen Attraktivität und der gegenseitigen Anziehungskraft beschäftigt, sind Frauen bei der Beurteilung ihres Gegenübers in nur acht Sekunden wesentlich schneller als Männer.

→ Frauen schauen zuerst meist in das Gesicht und in die Augen, denn hier vermuten sie entscheidende Hinweise auf emotionale Stärken und Führungsqualitäten.

→ Männer interessieren sich – bei einem weiblichen Gegenüber – zunächst eher für die mittlere und untere Körperregion, sprich Busen und Po. Erst der dritte Blick geht zum Gesicht und zu den Augen.

So kann es Ihnen als Frau auch während einer rein geschäftlichen Angelegenheit wie einem Meeting oder einem Vorstellungsgespräch passieren, dass Ihr männliches Gegenüber hin und wieder seinen Blick schweifen lässt ...

Unsere Nase – die letzte Instanz

Es ist kaum zu glauben in unserer Welt der Deos und Duftwässerchen, aber dennoch wahr: Nach dem ersten Blick bestimmt unsere Nase, ob wir mit jemandem näher in Kontakt treten möchten. Vielleicht kennen Sie die hübsche Anekdote von Napoleon Bonaparte, der seiner geliebten Josephine aus dem Feldzug schon Wochen vor der Heimkehr nach Paris geschrieben haben soll: »Wasche dich nicht, ich komme nach Hause!« Obwohl sich das Duftempfinden seitdem doch stark verändert hat, hat die Redewendung »jemanden nicht riechen können« durchaus heute noch ihre Berechtigung.

Dabei ist allerdings nicht der aufgetragene »fremde« Duft, sondern der körpereigene Geruch einer Person ausschlaggebend für Sympathie oder Antipathie. Selbst wenn wir uns dieser Wahrnehmung nicht bewusst sind: Unsere Nase leitet die entsprechenden Informationen an das Gehirn weiter. Von dort erreicht uns dann das Signal, ob wir jemand riechen können und uns gerne in seiner Nähe aufhalten – oder eben nicht. Dieses Urteil hängt übrigens nicht von einem etwaigen schlechten Körpergeruch ab, sondern von den sogenannten Pheromonen, die unser Körper verströmt. Diese Hormon ähnlichen Substanzen sind schon in außerordentlich geringer Konzentration wirksam und daher ist uns weder die Aussendung noch die Aufnahme dieser Botenstoffe bewusst.

Äußere Hülle statt innere Werte?

Unser Auftreten spielt vor allem beim ersten Eindruck eine wesentlich wichtigere Rolle als die vielgerühmten »inneren Werte« – ja selbst als alle Zeugnisse und Referenzen. Das gibt zwar niemand gerne zu, doch gerade deshalb ist es sehr wichtig, wie man beim ersten Zusammentreffen auf andere wirkt. Vor allem dann, wenn es um ein Treffen geht, bei dem man nur einmal die Chance hat sein Gegenüber von sich zu überzeugen: so beispielsweise beim Vorstellungsgespräch, beim ersten Treffen mit einem Kunden oder beim Meeting mit einem neuen Geschäftspartner. Doch wie können Sie auf Ihre Ausstrahlung, auf den ersten Eindruck Einfluss nehmen? Hier kommen nun doch wieder Ihre »inneren Werte« ins Spiel. Denn nur wenn Sie sich selbst gut kennen und sich Ihrer Stärken bewusst sind, werden Sie eine selbstbewusste Ausstrahlung haben und sich überzeugend präsentieren. Nutzen Sie also Ihre Chance, indem Sie sich auf ein solches Treffen gut vorbereiten.

Bereits im antiken Griechenland war den Menschen bewusst, dass Selbsterkenntnis das A und O für eine reife und erfüllte Persönlichkeit ist. »Erkenne dich selbst« stand als Inschrift über dem Eingang des Apollotempels in Delphi. Dem entspricht das deutsche Sprichwort: »Selbsterkenntnis ist der erste Schritt zur Besserung.« Wer seine Persönlichkeit hinterfragt und seine Charakterzüge kennt, weiß auch um seine Schwachstellen.

Vielen Menschen fällt es allerdings schwer, sich selbst einzuschätzen. Andere wiederum sehen zunächst nur ihre vermeintlich schlechten Eigenschaften und stellen nicht in Frage, ob ihre Mitmenschen diese ebenso negativ bewerten wie sie selbst. So empfinden wir manches als Schwäche, was objektiv betrachtet nicht unbedingt negativ sein muss. Oder wir sehen an uns positive Eigenschaften, die wir jedoch als selbstverständlich abtun. Tatsächlich kann so manches im Berufsleben aber ein großer Pluspunkt sein und uns die tägliche Zusammenarbeit erleichtern. Kommunikations- und Teamfähigkeit sind beispielsweise solche Eigenschaften, sogenannte »Soft Skills«, die im Beruf nicht nur sehr angesehen sind, sondern auch erwartet werden.

TIPP

Achtung: falsche Selbsteinschätzung!

Wie sehen Sie sich selbst – wie beschreiben Ihre Mitmenschen Sie?

→ Sie sind ein Mensch, der sein »Herz nicht auf der Zunge trägt«, sind eher zurückhaltend und überlegen lieber zweimal, ob Sie Ihre Ansichten äußern. Sie empfinden sich als schüchtern und sehen Ihre Zurückhaltung als Hemmschwelle an. Sie sind der Überzeugung, dass andere Sie einfach übersehen und auf Ihre Meinung keinen Wert legen.

→ Ihre Mitmenschen schildern Sie ganz anders: als einen überlegten Menschen, der gut zuhören kann, der nicht irgendwelche aufgeschnappten Ansichten nachplappert und keinen Vorurteilen anhängt. Man schätzt Sie, weil Sie sich erst dann zu einer Sache äußern, wenn sie möglichst viel darüber wissen und bereits gründlich Positives und Negatives abgewogen haben.

→ Sie sehen: Unterschiedlicher können zwei Ansichten kaum sein. Die Gründe dafür liegen auf der Hand: Bei der eigenen Beurteilung sind wir meist ungeübt und daher unsicher, gleichzeitig aber auch sehr kritisch. Hinterfragen Sie daher Ihre erste Selbsteinschätzung noch einmal, bevor Sie sich auf Ihre vermeintlich negativen Seiten konzentrieren und dabei die positiven Eigenschaften aus dem Blick verlieren. Lassen Sie sich lieber von guten Freunden oder Familienmitgliedern helfen, positive Seiten zu erkennen! Denn der Blick von außen fällt bekanntlich immer leichter.

Ausschlaggebend: persönliche Kompetenzen

Persönliche Eigenschaften und Fähigkeiten können im Berufsleben ganz entscheidend sein. Wenn Sie sich von Kollegen, Geschäftspartnern oder Bewerbungskandidaten nicht durch äußere Faktoren wie Ausbildung, Fachkenntnisse oder berufliche Position abheben, werden persönliche Kompetenzen zu wichtigen Entscheidungskriterien für Ihr berufliches Vorankommen – sei es beim Stellenwechsel, der Gehaltsverhandlung oder der Neubesetzung der Position Ihres derzeitigen Vorgesetzten.

Ohne geht's nicht: Soft Skills & Co.

Wie internationale Studien belegen, basiert beruflicher Erfolg zur Hälfte auf harten Fakten wie berufliche Qualifikation und praktische Erfahrung. Doch ebenso wichtig sind persönliche Eigenschaften, auch Soft Skills genannt: Kommunikations- und Teamfähigkeit, Mobilität und Flexibilität, soziale und emotionale Kompetenzen, wie auch die Fähigkeiten, Probleme zu lösen, kreativ zu denken und neue Wege zu finden.

Auch Qualitäten, die wir meist als selbstverständlich ansehen wie »schnell lernen«, »anderen Personen zuhören«, »flexibel reagieren« oder »gut organisieren können« zählen dazu. Solche Kompetenzen sind nicht nur bei der Besetzung von Führungspositionen unerlässlich, sondern in vielen Berufen auf allen Ebenen gefragt. Da in den Betrieben zunehmend flache Hierarchien entstehen und sich die Arbeit im Team immer mehr durchsetzt, gewinnen auch diese »weichen Faktoren« im Berufsleben an Bedeutung.

Allerdings können sich viele unter dem Begriff Soft Skills nichts Konkretes vorstellen. Ist mit Kommunikationsfähigkeit etwa gemeint, wie oft man in der Teeküche am Betriebsklatsch teilnimmt? Ist Durchsetzungsvermögen dasselbe wie Ellbogen-Taktik? Oder bedeutet Teamgeist, gemeinsam nach Feierabend einen trinken zu gehen? Tatsächlich verbergen sich hinter dieser Bezeichnung zahlreiche Eigenschaften und Fähigkeiten:

1. Kreativität und Flexibilität
2. Konzentration, Organisation und Disziplin
3. Mut, Motivation und Begeisterung
4. Teamgeist, Kommunikation und Humor
5. Lernbereitschaft

1. **KREATIVITÄT UND FLEXIBILITÄT** werden von jedem Mitarbeiter erwartet – in einer leitenden Position natürlich ganz besonders. Hier sind eigene Ideen und Strategien gefragt sowie die Bereitschaft, Ungewöhnliches zu wagen, um interne wie auch außerbetriebliche Situationen zu lösen. Aber nicht nur: Neben aller Kreativität und Bereitschaft zu neuen Wegen, wird auch erwartet, dass Sie sich flexibel zeigen, was Ihre Arbeitszeit, Ihren Einsatzort und Geschäftsreisen betrifft.
2. **KONZENTRATION, ORGANISATION UND DISZIPLIN** besagen nichts anderes, als dass Sie in der Lage sind, sich auf eine Aufgabe zu konzentrieren – selbst im größten Tohuwabohu eines Großraumbüros oder dann, wenn mehrere Anforderungen gleichzeitig auf Sie zukommen. Neben dem Talent, sich zeitlich gut organisieren zu können, wird außerdem die Fähigkeit erwartet, Aufgaben nach Prioritäten einstufen und diesen Plan konsequent einhalten zu können. Ob Sie dabei hin und wieder kleine Dinge »dazwischen schieben« oder streng nach Ihrem Terminplan vorgehen, hängt von Ihrer persönlichen Arbeitsweise ab. Ein gewisses Maß an Disziplin hilft Ihnen dabei auf jeden Fall weiter.
3. **MUT, MOTIVATION UND BEGEISTERUNG** gepaart mit Optimismus und Selbstvertrauen – das klingt alles sehr »menschelnd«. Aber genau damit müssen Sie im Arbeitsalltag umgehen können: eigene Ängste überwinden und Mut zeigen. Nur dann sind Sie bereit für neue Herausforderungen und gehen auch mal Risiken ein. Motivieren können ist ebenfalls eine gefragte Eigenschaft. Denn jede Arbeit wird mal zur Routine, ist kompliziert oder langwierig und wirkt dann eher ermüdend als spannend. Wer in diesem Fall sich selbst und den Kollegen Anreize setzen kann, wird auch ungeliebte Projekte erfolgreich abschließen. Und schaut danach voller Begeisterung nach vorne – auf künftige und reizvollere Aufgaben.
4. **TEAMGEIST, KOMMUNIKATION UND HUMOR** sind im heutigen Arbeitsleben unverzichtbar. Das heißt nicht, dass Sie sich ständig in der Teeküche aufhalten und Witze zum Besten geben sollen. Teamgeist bedeutet, sich in eine Gruppe von Kollegen einfügen und diese Gruppe auch führen zu können. Gute Kommunikationsfähigkeit, die alle gängigen Spielregeln beherrscht, ist dabei unerlässlich. Dazu zählt: sich verständlich ausdrücken, die richtigen Worte in der richtigen Situation wählen, anderen zuhören, sie ausreden lassen und auf ihre Aussagen eingehen. Und wer dann noch das Motto »Mit Humor geht alles besser« beherzigt, kann mit einem Lächeln manch brenzlige Situation entschärfen und eine angenehme Arbeitsatmosphäre schaffen.
5. **LERNBEREITSCHAFT** heißt, dass Sie das alte Sprichwort »Man lernt nie aus!« verinnerlicht haben. Sie bilden sich auch in der Freizeit in Ihrem Fachbereich fort, Sie akzeptieren größeres Wissen von Kollegen und vertiefen sogar Informationen, die nur im weiteren Sinne zu Ihrem Aufgabengebiet gehören – weil Sie nicht auf Altem beharren, sondern neugierig auf mehr Wissen sind.

Welche Stärken und Entwicklungs-potenziale haben Sie?

Seine Stärken zu kennen und um seine Potenziale zu wissen, ist die wichtigste Voraussetzung für einen erfolgreichen Auftritt – egal, ob beim Geschäftsmeeting oder im Bewerbungsgespräch. Nur wenn Sie sich Ihrer Stärken und Entwicklungspotenziale bewusst sind, können Sie diese ins rechte Licht rücken oder, falls nötig, optimieren. Wie jedoch können Sie Ihre Plus- und Minuspunkte am schnellsten herausfinden? Eine Möglichkeit sind sogenannte Tests. Der Begriff »Test« ist allerdings zumindest bei seriösen Verfahren etwas irreführend, denn es geht nicht darum, ein besonders gutes Ergebnis zu erzielen. Das Ziel ist es vielmehr, ein möglichst vielschichtiges Bild eines Menschen zu bekommen und dabei auch unbewusste Verhaltensweisen oder Einstellungen zu erfassen.

Sind Persönlichkeitstests sinnvoll?

Darüber gehen die Meinungen der Wissenschaftler auseinander: Während die einen solche Tests durchaus für aussagekräftig halten, stehen die anderen ihrem Nutzen eher skeptisch gegenüber. Letztere vertreten die Ansicht, dass man alle Erkenntnisse aus einem Persönlichkeitstest auch in einem intensiven persönlichen Gespräch ermitteln könne. Denn Tests, die nicht professionell entwickelt und ausgewertet werden, lassen sich leicht manipulieren. Das heißt, ein geschickter Kandidat kann genau die Antworten geben, von denen er glaubt, dass sie ihm das gewünschte Ergebnis bringen. Andererseits schadet es selbstverständlich nicht, sich mit solchen Tests einmal zu beschäftigen, denn immer häufiger werden sie im Jobinterview oder im Assessment Center eingesetzt. Wer dann mit solchen Verfahren schon ein wenig vertraut ist, hat durchaus einen Vorteil.

Falls Sie sich bei manchen Eigenschaften noch unsicher sind, ob es sich nun um eine Stärke oder eine Schwäche handelt, können Sie Ihre Selbstanalyse mit Hilfe weiterer Tests verfeinern. Nutzen Sie dazu das Angebot renommierter Institute und erfahrener Psychologen – Sie ersparen sich Fehleinschätzungen und verwenden nicht unnötig Zeit und Mühe, um irgendwann festzustellen, dass Sie sich auf der falschen Fährte befunden haben.

So gelingt die Selbstanalyse

Ein standardisierter Test ist für Sie nicht das geeignete Mittel, um sich selbst besser kennenzulernen? Dann finden Sie hier weitere Methoden, mit denen Sie selbst – sozusagen im »stillen Kämmerlein« – herausfinden können, wie es um Sie und Ihre Persönlichkeit bestellt ist.

Erkennen Sie Ihre Stärken und Schwächen!

→ Falls Ihnen die Selbsteinschätzung schwerfällt oder Sie sich bei manchen Eigenschaften unsicher sind, dann hilft Ihnen dieser Fragebogen weiter. Zwar ersetzt dieser kurze Test kein professionell erstelltes Profil, er kann aber bei der Analyse Ihrer Stärken und Schwächen nützliche Anregungen liefern, die Sie dann gezielt angehen und weiterentwickeln können. Und denken Sie daran: Je ehrlicher Sie die Fragen beantworten, desto aussagekräftiger ist das Ergebnis! Versuchen Sie sich in eine jeweils zur Frage passende Situation aus Ihrem Berufsalltag zu versetzen und beantworten Sie die folgenden Fragen mit »Ja« oder »Nein« – je nachdem, ob diese Aussage auf Sie zutrifft oder nicht.

Kreativität und Flexibilität

1. Liegen Ihnen Abwechslung und Risiko mehr als geregelte Abläufe und Sicherheit?
2. Können Sie mit unvorhersehbaren Situationen gut umgehen?
3. Fühlen Sie sich wohl, wenn Sie stets mit denselben Kollegen zusammenarbeiten?
4. Würden Sie für einen lukrativen Job auch weit weg von Ihrem Freundeskreis ziehen?
5. Übernehmen Sie am liebsten Aufgaben, bei denen Sie dazulernen können?
6. Ist auf Ihre Spontaneität Verlass, wenn etwas Ihre Pläne durchkreuzt?
7. Sind Sie der Meinung »Was für meine Eltern gut und richtig war, wird auch in Zukunft für mich diesen Stellenwert haben«?
8. Können Sie sich vorstellen, asiatische Managementkonzepte auszuprobieren?
9. Setzen Sie lieber Ihr vorhandenes Wissen ein, als dass Sie ständig hinzulernen?

Stressresistenz: Konzentration, Organisation und Disziplin

1. Können Sie unter Zeitdruck gute Leistungen erbringen?
2. Fühlen Sie sich bei Ihrer Arbeit gehemmt, wenn Ihnen etwas Wichtiges misslungen ist?
3. Fühlen Sie sich überfordert, wenn mehrere Aufgaben gleichzeitig anstehen?
4. Sind Sie hart im Nehmen und können Rückschläge »wegstecken«?
5. Werden Sie durch eigene Fehler entmutigt und so bei neuen Aufgaben unsicher?
6. Empfinden Sie es als Belastung, wenn Sie in einem neuen Arbeitsbereich eingesetzt werden sollen?

→ Lesen Sie weiter auf der nächsten Seite.

Erkennen Sie Ihre Stärken und Schwächen!

7. Lesen Sie auch in Ihrer Freizeit Fachliteratur?
8. Bleiben Sie gelassen, auch wenn man Sie unter Druck setzt?
9. Lenkt es Sie ab, wenn Sie sich neben dem eigenen Fachgebiet auch noch mit anderen Bereichen beschäftigen müssen?

Mut und Selbstvertrauen

1. Wählen Sie in einem Restaurant auch mal Gerichte, die Ihnen unbekannt sind?
2. Diskutieren Sie ungern über Themen, die nicht zu Ihrem Spezialgebiet gehören?
3. Hätten Sie Lust, einmal längere Zeit in einem fremden Land zu leben und zu arbeiten?
4. Würden Sie gerne hin und wieder außerhalb Ihres Fachbereichs arbeiten?
5. Schließen Sie sich an einem neuen Arbeitsplatz schnell an bestehende Gruppen an?
6. Sind Sie der Meinung, dass Workshops keine Lösungen zustande bringen, die nicht auch ein Einzelner gefunden hätte?
7. Unternehmen Sie oft etwas mit Ihren Mitarbeitern, damit diese Sie auch von Ihrer privaten Seite kennenlernen können?
8. Entdecken Sie im Alltag hin und wieder ganz neue, interessante Dinge?
9. Berücksichtigen Sie bei der Lösung von Problemen nur Ihre eigene Meinung?

Teamfähigkeit

1. Stimmen Sie zu, dass Teamarbeit oft zu besseren Ergebnissen führt?
2. Finden Sie, dass Gruppenregeln Ihren persönlichen Spielraum einschränken?
3. Werden Sie ungehalten und zornig, wenn einem Ihrer Mitarbeiter oder Teamkollegen ein Fehler passiert?
4. Arbeiten Sie am liebsten alleine?
5. Verfahren Sie nach der Devise: »Nur ein Genie beherrscht das Chaos«?
6. Empfinden Sie das Arbeiten in einer Gruppe als anregend und befriedigend?
7. Sind Sie bei Teamarbeit der entscheidende Faktor für ein gutes gemeinsames Resultat?
8. Werden Sie ungern gestört, wenn Sie sich in eine Aufgabe vertieft haben?
9. Können Sie Ihre Aufgaben schneller und effizienter lösen, wenn Sie mit anderen zusammenarbeiten?

Lernbereitschaft

1. Würden Sie Ihre Zeit in Weiterbildung investieren, obwohl Sie sich in einem Fachbereich bereits bestens auskennen?
2. Beziehen Sie die Meinungen Ihrer Kollegen in Ihre Entscheidungen mit ein?
3. Glauben Sie, dass Fortbildungsseminare eher der sozialen Kontakte als ihrer Inhalte wegen besucht werden?
4. Vertiefen Sie sich in Hintergrundthemen, auf die Sie bei Ihren Aufgaben stoßen?
5. Sie halten Innovationen zwar für richtig, aber nur, wenn diese die gewohnten Arbeitsabläufe nicht beeinträchtigen?
6. Freuen Sie sich darüber, wenn Ihre Mitarbeiter neue Ideen entwickeln?
7. Sind Sie stets gut über Weiterbildungsangebote informiert?
8. Sind Sie über neue Entwicklungen in Ihrem Fachgebiet stets auf dem Laufenden?

Test-Auswertung

Wie oft haben Sie in den Themenbereichen mit »Ja«, wie häufig mit »Nein« geantwortet?

→ KREATIVITÄT UND FLEXIBILITÄT: optimal: 5-mal Ja, 4-mal Nein
→ STRESSRESISTENZ: optimal: 4-mal Ja, 5-mal Nein
→ MUT UND SELBSTVERTRAUEN: optimal: 6-mal Ja, 3-mal Nein
→ TEAMFÄHIGKEIT: optimal: 4-mal Ja, 5-mal Nein
→ LERNBEREITSCHAFT: optimal: 5-mal Ja, 3-mal Nein

Wenn Sie alle Fragen ehrlich beantwortet haben, liegen Ihnen nun einige Anhaltspunkte über Ihre Stärken und Entwicklungspotenziale vor. Sie wissen entweder, welche Fähigkeiten Sie besitzen und einsetzen können oder aber, wo und wie Sie sich verbessern können. Dabei ist nicht entscheidend, ob Sie die optimale Punktzahl haben, sondern dass Sie sich bewusst machen, wo Ihre Kompetenzen und wo Ihre Schwächen liegen und daran arbeiten.

Das Wissen um die eigenen Pluspunkte ist vor allem im Berufsleben sehr wichtig. Und zwar nicht nur für Ihre Selbstdarstellung im Vorstellungsgespräch oder Ihre Strategie in der Gehaltsverhandlung, sondern allein schon aus psychologischen Gründen. Indem Sie sich vor Augen führen, dass auch Sie besondere Fähigkeiten und Potenziale besitzen, die gefragt sind, wird Ihr Auftreten weitaus selbstbewusster sein als ohne diese Erkenntnis.

Dabei ist es wichtig, dass Sie sowohl die positiven als auch die negativen Aspekte in Ihrem Leben einbeziehen. Positive Erlebnisse bringen meist einen Energieschub mit sich, der unser Selbstbewusstsein stärkt und sich positiv auf unsere Ausstrahlung wie auch unser Auftreten auswirkt. Negative Erlebnisse dagegen können regelrechte Energiekiller sein, die uns Kraft rauben und in unserer Aktivität lähmen können. Das ist nicht nur im privaten Bereich störend, sondern kann uns auch dabei behindern, im Berufsleben voranzukommen.

INFO

Die Alternative: Online-Tests

Im Internet finden sich viele, teilweise kostenlose Persönlichkeitstests (Stand 2006):

→ Speziell auf die berufliche Orientierung ausgerichtet ist das sogenannte »Bochumer Inventar zur berufsbezogenen Persönlichkeitsdiagnostik« (BIP), ein Persönlichkeitstest, den ein Psychologenteam an der Ruhr-Uni-Bochum entwickelt hat: www.testentwicklung.de. Hier werden 17 Persönlichkeitseigenschaften aus Bereichen wie berufliche Orientierung, Arbeitsverhalten, soziale Kompetenzen und psychische Konstitution getestet. Etwa 50 Minuten dauert die Bearbeitung, und nach spätestens vier Wochen erhält man eine ausführliche Zusammenfassung wie auch ein Kurzgutachten – für einen Preis von 35 Euro.

→ Unter www.testedich.de finden sich zahlreiche Persönlichkeitstests: Unter dem Stichwort »Persönlichkeitstest« beziehungsweise »jobbezogene Tests« können Sie auswählen zwischen Tests, die Ihre wahren Stärken entdecken oder prüfen, ob Sie der »perfekte Kollege« sind, und Tests zum Führungsverhalten oder der Teamfähigkeit. Für jeden Test ist die Bearbeitungsdauer angegeben, die meisten davon sind kostenlos. Alle Tests sind wissenschaftlich fundiert und wurden von Diplom-Psychologen entwickelt. Im Anschluss erhalten Sie eine ausführliche graphische und schriftliche Testauswertung.

→ Das renommierte Geva-Institut bietet unter www.geva-institut.de Online-Tests, die auf bewährten Methoden der psychologisch-wissenschaftlichen Diagnostik und der empirischen Sozialforschung basieren. Hier finden Sie Tests zu Eigen-PR oder beruflicher Veränderung. Das Ergebnis erhalten Sie nach etwa fünf Werktagen. Eine Potenzialanalyse zum Beispiel kostet zwischen 38 und 45 Euro.

→ Auf den Seiten von www.menk.de können Sie Fragebögen für eine professionelle Persönlichkeitsanalyse bestellen. Die Kosten für ein individuelles Persönlichkeitsprofil liegen bei mindestens 50 Euro.

Damit Sie die richtigen Weichen für Ihren Erfolg im Beruf wie in Ihrem Privatleben stellen, ist es wichtig,

- die positiven Dinge in Ihrem Leben zu vermehren,
- die Anzahl der negativen Dinge zu vermindern und
- daraus entsprechende Ziele abzuleiten.

Um diese drei Punkte in Angriff nehmen zu können, finden Sie am besten erst einmal heraus, welche positiven und negativen Punkte es in Ihrem Leben gibt. Dies gelingt Ihnen mit dem folgenden Tipp und den anschließenden Übungen. Diese nehmen zwar etwas Zeit in Anspruch, bringen Sie aber Ihrem Ziel, sich selbst besser kennenzulernen, ein großes Stück näher.

Was gefällt Ihnen an Ihrem Leben und was nicht?

Nehmen Sie sich eine Auszeit und gehen Sie in einen Raum Ihrer Wohnung, in dem Sie absolut ungestört sind; teilen Sie Ihrem Partner/Ihrer Familie mit, dass Sie für sich sein wollen. Telefon, Handy und auch Fernseher bleiben draußen oder ausgeschaltet. Wenn Sie zu den Menschen gehören, die mit Stille nicht umgehen können – legen Sie eine CD mit ruhiger Musik auf, bei der Sie sich entspannen können, bei der Sie aber auch Anregung finden (und nicht gerade einschlafen!). Nun notieren Sie auf einem Blatt Papier (das ist besser als zum Beispiel mit dem Laptop zu arbeiten!), was Sie derzeit an Ihrem Leben positiv und negativ finden. Vielleicht fällt Ihnen auf Anhieb gar nicht so viel ein – keine Sorge: Auch Kleinigkeiten zählen, die Ihnen unwichtig vorkommen. Sie sind es aber nicht. Denn jedes noch so winzige Detail, das Sie in irgendeiner Richtung beeinflusst, ist entscheidend für Ihr Wohlbefinden oder eventuelle Missstimmungen. Wichtig kann beispielsweise die Familie sein, Ihr Partner, Ihr Beruf, Sport und Hobby. Auch Träume und Wünsche spielen eine Rolle.

Wenn Sie diese Übung immer wieder einmal durchführen, werden Sie bemerken, dass sich sowohl der Inhalt Ihrer Liste wie auch die Wertigkeit der einzelnen Punkte verändern. Kein Wunder: Haben Sie einmal erkannt, was in Ihrem Leben beziehungsweise an Ihrer Persönlichkeit ausgesprochen positiv und was negativ ist, kommen Sie nicht umhin, wenigstens hin und wieder daran zu denken. Deshalb werden Sie Ihr Leben zwar nicht völlig umkrempeln – obwohl Sie auch das tun könnten, wenn Sie es wirklich wollen! Doch allein dadurch, dass Sie sich über die guten und schlechten Seiten klar werden, führt dazu, dass Sie – und sei es nur indirekt – Veränderungen vornehmen.

Wenn Sie Veränderungen in Angriff nehmen möchten, aber nicht genau wissen, was Sie in welcher Reihenfolge tun sollten, hilft Ihnen eine Vorgehensweise: Legen Sie fest, welche Ziele Sie in Ihrem Leben erreichen möchten – daran können Sie die dafür notwendigen Schritte erkennen und ganz konkret angehen.

ÜBUNG

Plus- und Minuspunkte

Welche Pluspunkte gibt es in Ihrem Leben?

- Situationen und Personen, die Ihnen Freude und Spaß bereiten
- Alles, was Sie gerne tun
- Situationen und Personen, die Sie weitergebracht haben
- Gegenstände, Situationen oder Personen, die Sie besonders mögen

Welche Minuspunkte spielen in Ihrem Leben eine Rolle?

- Alles, was Sie als Pflicht empfinden, an dem Sie aber keine Freude haben
- Situationen oder Personen, bei denen Sie Ärger oder Ungeduld empfinden
- Situationen oder Personen, in/mit denen Sie stets unzufrieden sind
- Alle Angelegenheiten, die Ihnen besonderen Stress verursachen
- Situationen oder Personen, die Sie traurig und bekümmert machen

Wenn Sie nun die positiven den negativen Aspekten gegenüberstellen, sehen Sie, was in Ihrer momentanen Situation nicht stimmig ist. Hilfreich ist es auch, die Plus- und Minuspunkte zu gewichten: Was stört Sie am meisten, was schätzen Sie besonders?

→ Dabei halten Sie eine Reihenfolge fest: An der Spitze steht beim Positiven jenes, auf das Sie in keinem Fall verzichten wollen und können. Danach kommt das Zweit- und Drittwichtigste. So fahren Sie bis zum Ende Ihrer Positivliste fort.

→ Genauso machen Sie es mit der Negativliste: Auf Platz Eins steht das, was Sie am dringlichsten ändern wollen, darauf folgt der Rest.

Ihre persönliche Zielliste

Wer erfolgreich sein will, sollte wissen: Klar definierte Ziele helfen beim Vorwärtskommen. Es geht aber nicht ausschließlich um berufliche Ziele – auch im Privaten können Sie sich Ziele setzen. Wer all das hin und wieder aufschreibt, lernt dabei, über sich selbst und sein Leben nachzudenken. Und: Sie sehen, was sich in Ihrem Leben ändert – und was Sie vielleicht neu definieren sollten.

ALS ERSTES schreiben Sie eine kunterbunte Liste von all jenem, was Sie erreichen wollen, was Sie vielleicht auch nur erträumen, zunächst ohne zeitliche Eingrenzung. Diese Fragen helfen Ihnen dabei:

- → Was ist mir im Privatleben wichtig?
- → Welche Besitztümer strebe ich an?
- → Welche Fähigkeiten möchte ich mir aneignen?
- → Wohin will ich im Beruf kommen?
- → Was möchte ich nicht mehr?

Es macht nichts, wenn Ihre erste Auflistung sehr lang wird, sich vielleicht manche Ziele sehr ähneln und Sie zunächst gar nicht wissen, wo Sie zuerst anfangen sollen, um all diese unterschiedlichen Ziele zu verwirklichen.

DER ZWEITE SCHRITT ist nämlich, dass Sie Ihre Ziele ordnen: Was ist Ihnen derzeit wichtig, was wollen Sie eher hintanstellen? Legen Sie eher Wert auf Privates? Oder stellen Sie Ihr berufliches Fortkommen in den Vordergrund? Nehmen Sie sich die Zeit und teilen Sie Ihre Zielliste ein – vielleicht so:

- → Privates: Partnerschaft, Familie, Freunde, Bekannte
- → Freizeit: Sport und Spaß, Urlaub, Entspannung
- → Berufliches: Job und Karriere
- → Absicherung: Finanzen, Wertschaffung

DER DRITTE SCHRITT: Sie entscheiden, was für Sie persönlich der wichtigste Bereich ist und was innerhalb dieses Bereichs auf Platz Eins steht. Für berufliches Fortkommen und Karriereplanung könnte das vielleicht so aussehen:

- → Ihr Hauptziel ist ein Job, bei dem Sie Herausforderungen meistern können und Ihnen Aufstiegschancen geboten werden.
- → Als Zweites streben Sie an, dass Sie eine bestimmte Position (Teamchefin, Projektmanager) bis zu einem bestimmten Zeitpunkt erreicht haben wollen.
- → Als Drittes ist Ihnen wichtig, dass Sie über bestimmte Vergünstigungen verfügen können: Dienstfahrzeug, Spesenkonto, Geschäftshandy etc.

Nach und nach gehen Sie nun jeden Lebensbereich durch. Das kostet Sie zwar ein wenig Zeit – aber es lohnt sich: Denn Sie haben dann eine persönliche Zielliste erarbeitet. Selbstverständlich werden sich Ihre Ziele im Laufe der Zeit ändern. Die Basis aber haben Sie gelegt – und Sie werden sehen, wie sehr Ihnen die Liste weiterhilft. Denn wer konkrete Ziele hat, weiß, wo er im Leben steht und kann damit beginnen, diese Ziele auch umzusetzen. Jede kleine Veränderung ist ein Erfolg, der Sie ein gutes Stück in Ihrer Lebensplanung weiterbringt und noch dazu Ihr Selbstwertgefühl und Ihr Auftreten positiv unterstützt. Und ein gesundes Selbstvertrauen hilft Ihnen wiederum dabei, weitere Pläne zu schmieden und in Angriff zu nehmen. Nur wenn Sie sich selbst gut kennen, um Ihre Stärken wissen und zu Ihren Schwächen stehen können, können Sie sich realistische

TIPP

Auf den schlimmsten Fall gefasst sein

→ In den meisten beruflichen Gesprächen geht es darum, kompetent zu wirken und sich selbstbewusst darzustellen. Gehen Sie deshalb immer mit festen Zielen in ein Gespräch und treten entsprechend auf. Machen Sie sich klar, was Sie von dem Gespräch erwarten, was Sie erreichen wollen und in welchen Punkten Sie zum Nachgeben bereit wären. Natürlich kann es immer mal geschehen, dass Sie im Gespräch angegriffen werden oder mit Ihrer Meinung allein dastehen. Malen Sie sich aus, was im schlimmsten Falle passieren könnte und proben Sie eine solche Auseinandersetzung in einem Rollenspiel mit Freunden.

nen sich akzeptieren, wie Sie sind, oder aber Sie versuchen, die vorhandenen Defizite langfristig zu verändern oder zumindest abzuschwächen. Wie Sie sich auch entscheiden: Wenn Sie diese Punkte für sich geklärt haben, können Sie sich ganz auf Ihre Stärken konzentrieren und selbstbewusst in ein bevorstehendes Gespräch gehen. Weil Sie genau wissen, welche Fähigkeiten Sie besitzen und einsetzen können, werden Sie entspannt auftreten und offen auf Ihre Gesprächspartner zugehen – und damit an Ausstrahlung und Sympathie gewinnen. Sollte es Ihnen passieren, dass Sie ein berufliches Treffen im Nachhinein als persönliche Niederlage empfinden, überlegen Sie sich ganz genau, woran es gelegen haben könnte: Hatten Sie einen schlechten Tag, waren Sie unzureichend vorbereitet oder lag es an Ihrem Auftreten? Gleichgültig, was der Grund dafür war: Versuchen Sie ihn herauszufinden und gegen die Umstände, die dafür verantwortlich sind, anzugehen.

Der erste Schritt zur Veränderung

Wagen Sie den Schritt hin zu Veränderungen, denn dann steht Ihrem Erfolg im Beruf – und ganz sicher ebenso im Privaten – nichts mehr im Wege. Wenn Sie erst einmal damit angefangen haben, werden Sie erstaunt sein, wie schnell sich manche Dinge zum Positiven wenden. Bereits kleine Veränderungen können große Entwicklungen nach sich ziehen. Folgende Regeln helfen Ihnen dabei:

1 Sehen Sie Veränderungen als Chance!

Vielleicht kennen Sie die Redensart »Bekanntes Übel ist das kleinere Übel«? Sie besagt, dass Unbekanntes etwas Unangenehmes ist. Deshalb lassen die meisten Menschen lieber alles beim Alten, selbst wenn sie unzufrieden sind oder unter den herrschenden Umständen leiden. Es dauert meist lange, bevor sie den Schritt ins Neue, ins Unbekannte – aber vielleicht Bessere – wagen. Und genau in diesem »vielleicht« liegt der Knackpunkt. Weil niemand vorher weiß, was eine Veränderung tatsächlich mit sich bringt, erscheint sie zunächst einmal bedrohlich. Lassen Sie sich dennoch von einem Zitat ermutigen:

> Ich weiß nicht, ob es besser wird, wenn es anders wird. Aber es muss anders werden, wenn es besser werden soll.

[Georg Christoph Lichtenberg | *Deutscher Philosoph und Physiker*]

Es ist übrigens ein Irrglaube anzunehmen, wir könnten Veränderungen vermeiden. Irgendetwas verändert sich immer, denn Wandel und Entwicklungen sind ein fester Bestandteil des Lebens. Deshalb sollten Sie sich folgenden Fragen stellen: Wollen Sie selbst Veränderungen anstoßen? Oder wollen Sie lediglich auf Veränderungen von außen reagieren? Für Ihr Selbstwertgefühl ist sicher der erste Weg der bessere: Sie selbst treffen bewusst Entscheidungen und nehmen Veränderungen positiv in Angriff – als eine Chance, die Sie ganz gezielt für Ihre Wünsche und Ziele nutzen können.

2 Arbeiten Sie nicht gegen sich, sondern im Einklang mit sich selbst!
Sie sind zu dick? Zu dünn? Zu hässlich? Machen Sie sich nicht das Leben schwer, indem Sie sich ständig selbst kritisieren. Versuchen Sie lieber, sich selbst als Freund zu sehen, und nicht als Feind! Durch permanente Kritik werden Sie kein anderer Mensch, sondern bringen nur Ihr Selbstwertgefühl in den Keller. Rufen Sie sich Ihre positiven Seiten ins Gedächtnis und nehmen Sie sich so an wie Sie sind. Das erscheint Ihnen schwierig? Es könnte aber genau jene erste Veränderung sein, die Sie brauchen!

3 Trauen Sie sich selbst etwas zu!
»Das schaffe ich nicht!«, »Das kann ich nicht!« Diese Sätze streichen Sie bitte aus Ihrem Vokabular. Sie können – wenn Sie nur wollen – fast alles erreichen. Vielleicht auf Umwegen, vielleicht erst nach einer oder mehreren Niederlagen – aber wenn Sie es sich zutrauen, eine Herausforderung anzunehmen und eine Aufgabe zu bewältigen, haben Sie es schon so gut wie geschafft. Das Vertrauen in die eigene Person gibt Ihnen die Kraft, die Sie für Veränderungen brauchen.

4 Grenzen sind da, um überwunden zu werden!
Dass es Grenzen in unserem Leben gibt, lässt sich nicht leugnen, denn:

→ Wir leben nicht auf einer einsamen Insel.
→ Wir müssen uns mit anderen arrangieren.

Sie schon immer mal tun wollten, die Sie sich bisher aber einfach nicht getraut haben? Warum hatten Sie nicht den Mut dazu? Sätze wie

- »Das ist nichts für mich!«
- »Das habe ich ja noch nie gemacht!«
- »Was denken denn die anderen?«
- »Das klappt sowieso nicht.«

sind ab heute tabu für Sie. Ihre Rücksichtnahme auf Ihre Mitmenschen ehrt Sie, sollte aber auf keinen Fall so weit führen, dass Sie sich nichts mehr zutrauen.

Ihre individuelle Mutbarriere

Jeder hat seine ganz persönliche Hemmschwelle: Der eine traut sich nicht, alleine zum Essen zu gehen, weil man dort am Katzentisch platziert und von den anderen Gästen schief angesehen werden könnte. Der andere hat Probleme damit, die Verkäuferin bei deren Schwätzchen mit der Kollegin zu unterbrechen, wenn er an der Käsetheke bedient werden möchte. Der Dritten dagegen macht es nicht mal etwas aus, als Frau ganz alleine mit dem Motorrad durch die abgeschiedensten Gegenden Australiens zu reisen – nur um sich selbst zu beweisen, dass sie es kann.

Zaudern Sie deshalb nicht! Schrecken Sie nicht vor neuen Erfahrungen zurück! Erst wenn Sie den Mut haben, wirklich zu sich selbst und Ihren Wünschen zu stehen, werden Sie sich auch trauen, auf andere Menschen zuzugehen. Durch diese Offenheit können Sie die Sympathien Ihrer Mitmenschen gewinnen – und werden damit auch im Berufsleben mehr Erfolg haben.

Brauchen Sie vielleicht eine Anregung, mit welchen kleinen und größeren Unterfangen Sie Ihren inneren Schweinehund herausfordern können? Dann finden Sie links im Kasten Tipps für ganz Schüchterne wie auch für Fortgeschrittene …

TIPP

Trauen Sie sich …

- einem Wildfremden in der Straßenbahn zuzulächeln?
- beherzt zuzugreifen, wenn eine junge Mutter mit Kinderwagen oder eine alte Dame beim Aussteigen aus dem Bus Hilfe braucht?
- 50 Meter den Gehsteig entlang oder über einen Platz zu hüpfen?
- alleine in einem Gourmettempel zu speisen, wenn Sie eigentlich nur die Kantine kennen? Kleiner Tipp: Mittags ist die Atmosphäre meist eher locker.
- einen Abend lang Fremdwörter falsch zu benutzen, ohne die Sache aufzuklären? Aber: Diese Übung sollen Sie nicht im beruflichen Rahmen praktizieren, denn Ihr Chef könnte Sie ein einziges Mal zu ernst nehmen …

Eine besondere Kunst: Nein sagen

Nicht nur ungewohnte oder Aufsehen erregende Aktionen erfordern Mut. Auch scheinbar kleine Dinge, wie zum Beispiel »Nein sagen«, können manche Menschen bereits große Überwindung kosten. Wie sieht es damit bei Ihnen aus? Haben Sie den Mut etwas abzulehnen? Oder lassen Sie sich lieber immer wieder ausnutzen und tun Dinge, die Sie eigentlich gar nicht tun möchten? Vor allem im Berufsleben gibt es so manche Falle, die es einem besonders schwer machen kann, Nein zu sagen.

→ **FALLE 1:** Schmeicheleien und Lob – Ihr Vorgesetzter versucht Sie mit guten Worten zu überzeugen. Etwa so: »Ich hätte auch jemand anderen fragen können, doch ich weiß, dass Sie das einfach am besten können! Machen Sie mir noch schnell die Auftragsbestätigung für die Firma XY fertig?«
Nein sagen Sie hier mit einem Dankeschön. Und zwar für die wohlwollende Bestätigung Ihres Könnens. Aber Sie machen auch klar, dass Sie im Augenblick dafür keine Zeit haben. Tappen Sie aber nicht in eine weitere Falle, indem Sie auf einen anderen Kollegen hinweisen, der die Aufgabe doch eigentlich viel besser erledigen könnte: Dieses Argument ist wie ein Bumerang – und Sie booten sich unter Umständen selbst aus.

→ **FALLE 2:** Schlechtes Gewissen und Schuldgefühle – Ihr Chef versucht es mit einem Vorwurf: »Nachdem Sie ja heute schon zu spät gekommen sind – könnten Sie den Projektbericht heute noch tippen?«
Nein sagen Sie hier mit einer Entschuldigung – weil Sie zu spät gekommen sind. Weisen Sie aber darauf hin, dass dies ein einmaliger Ausrutscher war. Und dass Sie Ihre Projektarbeit gerne so schnell wie nur möglich fertigstellen – aber eben nicht heute Abend.

→ **FALLE 3:** Motivation und Aufstiegschancen – Ihr Boss weiß genau, dass Sie sich nach neuen Aufgaben sehnen. Und er stellt sie Ihnen ausgerechnet heute in Aussicht: »Das war doch immer Ihr Wunsch, mal die Präsentation zu machen!«
Nein sagen Sie hier mit viel Diplomatie: Sie würden ja gerne, aber leider können Sie erst morgen …

→ **FALLE 4:** Termindruck und Nötigung – Ihr Teamleiter schiebt Ihnen die Schuld zu, wenn ein Auftrag nicht klappt. Beispielsweise mit den Worten: »Die Präsentation muss heute noch fertiggestellt und verschickt werden. Wenn das nicht klappt, verlieren wir diesen Kunden!«
Nein sagen Sie hier mit humorvollem Augenzwinkern. Und Sie finden erst mal heraus, ob das alles stimmt: Ist der Schaden wirklich so groß, wenn Sie heute mal keine Überstunden machen? Wenn nicht: »Muss ich wieder mal die Firma retten? Täte ich ja gerne, aber heute kann ich wirklich nicht!«

Zu viel Charakter schadet nur

Sie wollen Flagge zeigen? Ihre Meinung sagen? Gar dem Chef widersprechen, weil Sie hundertprozentig sicher sind, dass Sie im Recht sind und er im Unrecht? Sind Sie verrückt? So werden Sie niemals an den begehrten Job in der oberen Etage kommen!

Sie sollten wissen: Wer Karriere machen will, hält besser den Mund beziehungsweise stimmt dem Boss stets zu. In allem. Nicht nur was den Job anbelangt, sondern auch was Freizeitgestaltung und Hobbys betrifft.

Ihr Chef spielt Tennis? Klar, dass Sie schon nach drei Tagen im neuen Job herausgefunden haben, in welchem Club er Mitglied ist und bei welchem Trainer er Stunden nimmt. Und ebenso klar: Diesem Verein treten Sie bei und den Tennislehrer buchen Sie gleich mit – koste es, was es wolle! Kann ja nie schaden, vielleicht sogar besser zu spielen als der direkte Vorgesetzte. Möglicherweise spielt dessen Boss ja auch Tennis, und zwar in einer ganz anderen Klasse. Da bauen Sie am besten gleich vor und sind fürs Vereinsturnier gerüstet. Genauso machen Sie es selbstverständlich mit der Urlaubsplanung: Ihr Chef fährt auf die Malediven zum Tauchen? Sie sind dabei. Er plant einen Golfurlaub in Schottland? Sie buchen ebenfalls. Theater- oder Opernabonnement leisten Sie sich genauso wie die maßgeschneiderten Anzüge beziehungsweise die Designer-Businesskostüme. Selbstverständlich vom selben Schneider beziehungsweise Couturier. Das wäre doch gelacht, wenn Sie über diese Schiene nicht die Karriereleiter emporklettern und Ihren Boss sogar überrunden könnten!

Was die Kollegen betrifft: Hier zeigen Sie sich aalglatt. Stets von der kollegialen Seite. Stets zustimmend, wenn es um Probleme geht – aber so, dass man Ihnen »von oben« nicht an den Karren fahren kann. Sie verbrüdern sich – aber immer nur scheinbar. Sie wissen genau: Es ist nützlich, ein wenig mit den Wölfen zu heulen. Aber es darf nicht so weit gehen, dass das Geheule den Boss stört oder ihm auch nur auffällt. Sie haben die Kunst verinnerlicht, jedem in seiner noch so abwegigen Meinung zuzustimmen und trotzdem den Eindruck zu erwecken, dass Sie kein Fähnchen im Winde sind, sondern eine Person mit Charakter und Standfestigkeit. Ein Kollege, dem man vertraut, der einem aus der Patsche hilft, der mit dem Chef und allen Mitarbeitern gut kann.

Halten Sie sich stets an die Devise: Nur wer im Strom schwimmt, geht nicht unter. Lassen Sie sich mit dem Mainstream treiben, mucken Sie ja nicht auf. Nur wer aalglatt ist, den kann man nicht fassen. Und der rutscht ganz automatisch nach oben.

- **FALLE 5:** Zugzwang und Erpressung – Ihr Vorgesetzter macht Ihre Karriere von Ihrem Wohlverhalten abhängig. Etwa so: »Wollten Sie nicht Teamchefin werden? Das können Sie glatt vergessen, wenn Sie heute pünktlich gehen und keine Überstunden machen!«
  Nein sagen Sie hier mit Hinterlist und zuckersüßem Lächeln: Stellen Sie die »hinterhältige« Frage, ob er mit Ihnen nicht zufrieden sei. Damit haben Sie den Schwarzen Peter zurück an Ihren Chef gegeben. Denn natürlich muss er antworten, dass er Ihre Arbeit schätzt – sonst hätte er ja nicht ausgerechnet Sie gebeten. Lenken Sie dann ein bisschen ein: »Ich würde wirklich gerne länger bleiben, aber heute geht es einfach nicht!« Sie sollten allerdings einen wichtigen und vor allem glaubhaften Termin haben, wenn Sie das sagen …

Nein sagen kann man lernen

Vielen fällt das Neinsagen schwer, weil sie es nie richtig gelernt haben. Aber es gibt viele Situationen, in denen man es unverfänglich trainieren kann, bevor man es beim Chef ausprobiert. Manchmal hat man nämlich nichts zu verlieren, wenn man eine Frage verneint. Beispiele gefällig? Sie waren in einem guten Restaurant essen und der Kellner kommt mit der unvermeidlichen Frage: »Hat's geschmeckt?« Seien Sie ehrlich – und sagen Sie Nein. Vielleicht so: »Sonst war ich immer so zufrieden mit Ihrer Küche, aber heute …« Am Taxistand drängt sich jemand vor. Sagen Sie Nein! Mit den Worten »Verzeihen Sie – wir haben es hier alle eilig. Stellen Sie sich bitte hinten an!« Im Alltag gibt es viele Situationen, in denen Sie das Neinsagen testen können. Am besten übrigens immer mit einem freundlichen, aber nicht unbedingt entschuldigenden Lächeln. Seien Sie höflich, aber bestimmt!

Ohne eine Portion gesunden Egoismus kommen Sie nicht weiter im Leben – wobei die Betonung ganz bewusst auf »gesund« liegt. Sie sollen schließlich kein unsoziales Wesen werden, das ohne Rücksicht auf andere durchs Leben geht. Doch gleichzeitig sollen Sie sich nicht ausnutzen lassen, indem

- jeder auf Ihren Gefühlen herumtrampeln kann wie der sprichwörtliche Elefant im Porzellanladen.
- Sie sich stets den Vorgaben anderer anpassen.
- Sie keine eigene Persönlichkeit entwickeln.

Denn wenn Sie ein solches Verhalten an den Tag legen, können Sie kein Bewusstsein für sich selbst entwickeln und weder in Ihrer gewohnten Umgebung noch neuen Kontakten gegenüber den Eindruck eines selbstbewussten und durchsetzungsfähigen Menschen vermitteln. Doch wenn Sie es schaffen, Ihr Selbstbewusstsein und Ihre Persönlichkeit zu stärken, wenn Sie wissen, wer Sie sind und wohin Sie wollen, steht Ihrem beruflichen Erfolg nichts mehr im Weg.

Entscheidend: der erste und der letzte Eindruck

Wenn ein künftiger Arbeitgeber, ein potenzieller Kunde oder ein neuer Geschäftspartner Sie kennenlernen möchte, haben Sie den schwierigsten Teil bereits erfolgreich gemeistert: die erste Kontaktaufnahme.

Jetzt gilt es, das Gegenüber bei einem persönlichen Kennenlernen für sich einzunehmen. Davor haben viele Menschen Angst. Warum eigentlich? Machen Sie sich bewusst: Sie haben doch bereits einen großen Schritt in Richtung Erfolg getan! Immerhin ist es Ihnen gelungen, Interesse bei Ihrer Kontaktperson zu wecken und ein Treffen zu vereinbaren. Es besteht also überhaupt kein Grund, dieser Begegnung mit gemischten Gefühlen entgegenzusehen. Legen Sie lieber ein gesundes Selbstbewusstsein an den Tag, vermitteln Sie den Eindruck, dass Sie sich wohl in Ihrer Haut fühlen, und schenken Sie Ihrem Gesprächspartner die volle Aufmerksamkeit. Eine solch entspannte, aber konzentrierte Atmosphäre beeindruckt Ihren Gesprächspartner sicherlich und er wird Sie auf jeden Fall positiv in Erinnerung behalten.

INFO

Der richtige Händedruck

Amerikanische Psychologen haben es wissenschaftlich bestätigt: Fester Händedruck und gleichzeitiger Blickkontakt sorgen für einen guten Eindruck! Forschungen an der Universität Alabama ergaben, dass es ein allgemein gültiges Positivmodell für die Begrüßung mit Handschlag gibt:

→ Dabei umfasst man die Hand seines Gegenübers vollständig und drückt sie kräftig und durchaus nicht nur ein Momentchen.
→ Zugleich sucht man Augenkontakt und weicht dem Blick des anderen keinesfalls aus.

Wer so vorgeht – so die Wissenschaftler –, kann sicher sein, dass man ihn als aufgeschlossen und gewissenhaft einschätzt. Eine positive Grundeinstellung wird Ihnen bei diesem Händedruck ebenso zuerkannt wie Weltgewandtheit und Versöhnlichkeit. Übrigens: Wenn Sie einen Termin mit einem Vorgesetzten haben, warten Sie ab, bis er Ihnen die Hand reicht. Es wäre eine grobe Unhöflichkeit, ihm Ihren Händedruck aufzuzwingen!

Den ersten Eindruck aktiv beeinflussen

Sympathisch erscheinen – das möchte wohl jeder gerne. Und damit das gelingt, setzen wir alles darauf, ein gutes Bild von uns abzugeben. Da der erste Eindruck dabei ganz entscheidend ist, sollten Sie auf Ihren ersten Auftritt größten Wert legen. Sie können ihn aktiv beeinflussen durch eine Vielzahl von Faktoren, die sich in verbale und nonverbale Kommunikation unterteilen lassen: Als verbale Kommunikation gelten Sprache, Ausdruck, Stimme, Lautstärke, Sprechgeschwindigkeit, Dialekt und Ähnliches (→ »Klartext reden – souverän kommunizieren«, Seite 126). Unter nonverbaler Kommunikation dagegen versteht man beispielsweise Haltung, Gestik, Mimik, äußere Erscheinung (→ »Gut gewählt? Kleider machen Leute!«, Seite 44 und »Ohne Worte! Mit Körpersprache überzeugen«, Seite 88). All das lässt sich trainieren und im richtigen Moment zu Ihren Gunsten einsetzen!

So machen Sie es richtig beim Termin

Aktiv und vor allem positiv beeinflussen können Sie den ersten Eindruck auch, indem Sie folgende Tipps beachten:

1. Kleiden Sie sich seriös, aber nicht aufdringlich. Keine Experimente! Für Frauen gilt: Frisur und Make-up sind dezent.
2. Vermeiden Sie unruhige Farbkombinationen, auffällige Krawatten – alles, was die Aufmerksamkeit Ihres Gegenübers von Ihrem Gesicht ablenken könnte.
3. Seien Sie pünktlich! Seien Sie lieber zehn Minuten zu früh dran und warten noch eine Weile im Auto oder einem Café als dass Sie zu spät kommen.
4. Nehmen Sie sich eine Tageszeitung oder ein Wochenmagazin als Lektüre mit – falls Sie warten müssen. Bitte kein Fachbuch oder Belletristik – das erweckt eher den Eindruck von Angabe oder Effekthascherei.
5. Wenn man Sie warten lässt und Sie aufgeregt sind, versuchen Sie es mit einer der folgenden Entspannungsübungen. Keine Sorge, falls Sie nicht alleine warten: Beide Übungen sind für Umgebende kaum erkennbar.

Übung 1: Fassen Sie im Sitzen mit beiden Händen links und rechts unter die Sitzfläche Ihres Stuhles. Spannen Sie Ihre Oberarme an und ziehen Sie die Sitzfläche mit aller Kraft an sich. Halten Sie dabei die Luft an und zählen Sie bis zehn.

Übung 2: Pressen Sie Daumen und ausgestreckten Zeigefinger aneinander. Dadurch bildet sich in der Daumenbeuge eine Muskelwölbung, auf deren höchste Stelle Sie für etwa fünf bis zehn Sekunden mit Daumen und Zeigefinger der anderen Hand Druck ausüben. Der Druck sorgt nicht nur für schnelle Entspannung, sondern auch für gute Durchblutung.

Clevere Tipps von der Benimm-Expertin:

Auch Grüßen und Begrüßen wollen gelernt sein

Der **Unterschied** ist ganz einfach: Wenn Sie jemanden grüßen – im Parkhaus oder in der Kantine –, dann nicken Sie mit dem Kopf, schenken ihm ein Lächeln und sprechen vielleicht sogar einen freundlichen Tagesgruß – mehr nicht. Beim Begrüßen dagegen hat man »Körperkontakt« – im Job ist der Handschlag üblich; im privaten Bereich kann es auch eine Umarmung oder ein Begrüßungskuss sein.

Richtig begrüßen

→ Im Berufsleben wird immer die in der Hierarchie höher stehende Person zuerst gegrüßt – also grüßt beispielsweise die Sekretärin den Chef. Ansonsten gilt: Jüngere grüßen ältere Personen und im Zweifelsfall ein Mann die Frau.

→ Sowohl Männer als auch Frauen stehen zur Begrüßung auf. Sie wissen vielleicht, dass Damen bei privaten Treffen sitzen bleiben »dürfen«, im Berufsleben jedoch gilt dies keinesfalls: Wenn Sie als Businesslady aufstehen, erweisen Sie Ihrem Gegenüber Respekt und zeigen, dass Sie auf gleicher Augenhöhe agieren.

→ Es ist »unfein«, innerhalb einer Gruppe nur einen Einzigen zu begrüßen. Bei einer kleinen Gruppe von bis zu sechs Personen reicht man allen die Hand. Bei größeren Gruppen kann ein allgemeiner Gruß angebracht sein. Hier kommt es – wie so oft – auf die Situation an: Betreten Sie beispielsweise bei einem Seminar oder einem Meeting den Raum als Letzter, kann es störend und zeitraubend sein, jeden einzelnen Teilnehmer zu begrüßen.

→ Sie treffen auf neue Gesichter in einer Gruppe? Dann werden zuerst die Personen begrüßt, die Sie kennen. Nun warten Sie kurz ab: Stellt Ihnen Ihr Begleiter oder der Vertreter der Gruppe die anderen vor? Wenn nicht, ergreifen Sie nach ein paar Minuten selbst die Initiative.

→ Ausländische Gäste genießen einen Sonderstatus. Sie werden besonders geehrt, indem man sie bereits in der Begrüßung hervorhebt. Zum Beispiel: Bei einem Meeting sind Kollegen aus dem eigenen Unternehmen anwesend, einige Kollegen kommen aus der näheren Umgebung, zwei sind aus Hamburg angereist und einer sogar aus dem Ausland. Begrüßen Sie in diesem Fall den Gast zuerst, der die weiteste Reise hatte, dann die Gäste, deren Weg nicht so weit war und am Schluss die Kollegen aus dem Hause.

Wie geht das mit dem Handschlag?

- Wenn Sie in Ihrem Büro sitzen und jemand betritt den Raum, sind Sie in der Funktion eines Gastgebers. Betriebsintern gilt hierbei jedoch eine andere Regel als im Privaten: Zuhause hat man das Recht, anderen als Erster die Hand zu reichen – selbst wenn der Bundespräsident zu Gast käme. Im Job bietet man den Handschlag nur »Gleichrangigen« an, also Kollegen und Teammitgliedern. Kommt dagegen Ihr Chef in Ihr Büro, entscheidet er über die Art der Begrüßung. Ob er also »nur« grüßt, indem er freundlich »Guten Morgen« wünscht oder Ihnen die Hand reicht.

- Bei der Begrüßung von Gruppen orientieren Sie sich ebenfalls am Status: So reichen Sie dem Chef vor seinem Team die Hand, Kunden vor Mitarbeitern und älteren Kollegen vor jüngeren. Auch hier gilt: Trifft keines der Kriterien zu, sind Frauen vor Männern an der Reihe. Treten Sie als einzelne Person zu einer Gruppe, spielen noch andere Faktoren eine Rolle: Sind Sie der Gastgeber? Dann bieten Sie den Handschlag an. Sind Sie dagegen Kunde oder Gast, warten Sie darauf, dass man Ihnen die Hand reicht.

- Lassen Sie eine ausgestreckte Hand niemals unbedacht im Raum hängen. Selbst wenn Sie wissen, dass genau dieser Handschlag jetzt »eigentlich« unangebracht ist: Das wäre eine taktlose Maßregelung, die Ihre Karriere bestimmt nicht fördert.

- In unserem Kulturkreis ist der Blickkontakt bei der Begrüßung ein absolutes Muss! Perfekt ist ein kurzer, kräftiger Händedruck. Drücken Sie dabei weder zu schwach noch zu fest zu – beides ist für Ihr Gegenüber unangenehm und macht keinen guten (ersten) Eindruck.

- Selbst wenn's lässig aussieht – es ist »verboten«: Wer einen anderen mit Handschlag begrüßt, nimmt dazu stets die andere Hand aus der Hosentasche. Selbstverständlich auch als Dame!

- Sie neigen zu feuchten oder verschwitzten Händen? Dann bitte vor jedem Händedruck unauffällig abwischen oder besser waschen! Die Betonung liegt auf »unauffällig« – das gilt übrigens auch dann, wenn Sie mit einem feuchten Händedruck »beglückt« wurden ...

- Reichen Sie niemals jemandem auf der Toilette oder im Waschraum die Hand! Ein Kopfnicken oder ein freundliches »Guten Tag« reichen an diesen Örtlichkeiten völlig aus.

- Ihre Position innerhalb der Firma entscheidet darüber, wer wem die Hand reicht. Sie sind unsicher, weil Sie neue oder vertrackte Hierarchien nicht genau kennen oder nicht wissen, ob jemand Sie mit Handschlag begrüßen will? Versuchen Sie es mit diesem Trick: Halten Sie Ihre Hand in »Schlagposition«, leicht angewinkelt vor dem Oberkörper. Wird Ihnen die Hand gereicht, können Sie schnell reagieren, ansonsten halten Sie Ihren Arm eben angewinkelt bei sich.

Clevere Tipps von der Benimm-Expertin:

So geht's: bekannt machen und vorstellen

Wenn es ums Bekanntmachen geht, richtet man sich im Berufsleben – anders als im Privatbereich – strikt nach der betrieblichen **Hierarchie** – das Geschlecht spielt dabei keine Rolle. Vorgestellt wird immer demjenigen, der auf der Betriebsleiter eine Stufe höher steht. Also: ein Azubi dem Chef, die neue Mitarbeiterin dem Vorgesetzten. Wichtig zu wissen: Gäste und Kunden sind immer höherrangig. Ausländischen Gästen und Kunden werden daher Inländer beziehungsweise Firmenangehörige vorgestellt.

Wenn Sie **Fremde** miteinander bekannt machen, halten Sie sich an dieselbe Regel. Sagen Sie beispielsweise: »Frau Dr. Müller, ich möchte Ihnen unseren neuen Sachbearbeiter, Herrn Kevin Schmidt, vorstellen. Er hat im Februar bei uns in der Abteilung Marketing angefangen.« So erhält Frau Müller neben dem Namen die Information, seit wann der neue Mitarbeiter im Betrieb arbeitet und in welchem Bereich. Das ein wenig unterwürfig klingende »Darf ich Ihnen vorstellen ...?« sparen Sie sich besser!

Neue Mitarbeiter werden den »alteingesessenen« vorgestellt, wenn beide gleichrangig sind. Einzelne, neu hinzukommende Personen werden einer Gruppe bekannt gemacht. Ein paar erklärende Worte geben dem »Neuen« ebenfalls mehr Information: »Frau Dr. Müller ist die Projektleiterin für den Bereich Einkauf.« Übrigens: Frau Dr. Müller wird darauf wahrscheinlich kein »sehr erfreut« entgegnen – nicht nur, weil sie die Ranghöhere ist, sondern auch weil diese Formulierung antiquiert ist. Besser klingt: »Schön, dass ich Sie kennenlerne« oder »Ich freue mich, Sie kennenzulernen«. Wenn Sie jemanden treffen, mit dem Sie schon telefonischen oder schriftlichen Kontakt hatten, bietet sich eine nette Begrüßung an, wie zum Beispiel: »Schön, dass wir uns endlich persönlich kennenlernen ...«

Sich selbst vorstellen

Der Idealfall ist es, wenn Sie jemandem vorgestellt werden – oder Ihnen jemand vorgestellt wird. Damit ist Ihnen sofort klar, wie Sie beide hierarchisch zueinander stehen. Angenehmer Nebeneffekt: Ihr Gegenüber kennt Ihre eventuell vorhandenen Titel. Stellt man sich nämlich selbst vor, lässt man den eigenen Titel weg – ob akademischer oder anderer Art. Sie gehen auf Ihr Gegenüber zu, sagen den **Tagesgruß** und nennen Ihren **vollen Namen.** Hilfreich ist es, wenn Sie einen erklärenden Satz anfügen. Beispielsweise: »Guten Tag, ich bin Marianne Müller. Ich arbeite als Projektleiterin im Einkauf.« Sind Sie neu im Betrieb, können Sie ergänzen, seit wann Sie Ihre Position innehaben. Das erleichtert es Ihrem Gegenüber, Sie »einzuordnen«. Es gibt noch andere Formulierungen, die **freundlich und kompetent** klingen: »Ich heiße Marianne Müller«, »Mein Name ist Marianne Müller« oder »Mein Name ist Müller«. Die kürzeste Form, nämlich nur »Müller« oder »Marianne Müller« zu sagen, wirkt zwar etwas knapp, ist aber dann besonders praktisch, wenn man viele Leute nacheinander begrüßen muss – etwa bei einem Seminar oder Meeting.

Grundsätzlich: Hüten Sie sich vor witzigen Formulierungen, wie ein locker-lässiges »Hallo, ich bin die Marianne aus Köln!«. Das ist auch in Firmen, in denen Duzen zur Geschäftspolitik gehört, beim ersten Treffen unangebracht. Ebenfalls lächerlich: »Mein Name ist Müller, Marianne Müller!« Das klingt so gewollt nach: »Bond, James Bond!« Verzichten Sie auch auf **altmodische Floskeln,** wie »Angenehm«, »Sehr erfreut« oder Ähnliches.

Schwierige Namen?

Eine peinliche Situation: Da treffen Sie Ihren neuen Abteilungsleiter zum zweiten Mal und Ihnen fällt partout sein Name nicht mehr ein. Oder Sie haben den ungewöhnlichen Namen Ihres Kunden **nicht verstanden.** Da hilft nur eines: Fragen Sie nach. Etwa so: »Verzeihen Sie, ich habe Ihren Namen nicht verstanden!« Oder: »Ich hoffe, Sie können es mir nachsehen, aber ich wurde so vielen Kollegen vorgestellt, dass ich mir Ihren Namen nicht gemerkt habe!« Haben Sie keine Scheu, so eine kleine Nachlässigkeit zuzugeben. Deshalb wird Ihnen kaum jemand böse sein. Ein guter **Trick,** sich Namen besser zu merken, ist in vielen Fällen, den Namen des Gegenübers zu wiederholen.

Übrigens: Auch wenn es schwerfällt, sich einen komplizierten oder einen Doppelnamen zu merken, hat natürlich jeder Mensch das Recht darauf, mit seinem vollen Namen angesprochen zu werden. Einzige Ausnahme: wenn Ihnen der Namensträger eine Kurzvariante anbietet.

Titel und Grade

Ähnliches gilt für **Titel** und **akademische Grade:** Wer promoviert hat, sollte mit seinem Titel angesprochen werden. Bei mehreren Titeln gilt in der Anrede stets der höchste: »Frau Prof. Dr. Müller« ist »Frau Professor Müller« oder »Frau Professorin Müller«. Und bei einem »Herr Dr. Müller« reicht in der Anrede ein »Dr. Müller«, das »Herr« können Sie weglassen. Akademiker untereinander sprechen sich üblicherweise nur mit dem Namen an.

Tragen Sie selbst einen Titel, stellen Sie sich nur mit Namen vor und unterschreiben – zumindest handschriftlich – auch nur mit diesem. Dennoch kann es natürlich in manchen Situationen auch ganz nützlich sein, seinen Titel zu nennen, dann sollten Sie es auf jeden Fall tun.

Viele Fragen stellen sich auch immer zur Benutzung von **Amtstiteln.** Oft erscheint es eher altmodisch, Ämter oder Mandate zu nennen. Doch es gehört zum guten Stil und Benehmen, wenn Sie die entsprechenden Personen mit Ihren Titeln wie »Herr Bürgermeister« anreden.

- Gehen Sie immer auch auf die Antworten Ihres Gegenübers ein. Wählen Sie Ihre Worte sorgfältig und drücken Sie sich vor allem immer eindeutig aus (→ »Gekonnt: Satzbau und Ausdrucksweise«, Seite 144). Antworten Sie dabei mit modulierter Stimme: Sprechen Sie ruhig und unaufgeregt, in einer Lautstärke, die der Situation angemessen ist und außerdem Ihrer Stimmlage am besten entspricht. Das können Sie zu Hause üben – nach Möglichkeit mit einem Kassettenrecorder (→ »Überzeugend: die indifferente Stimme«, Seite 131).
- Fragen Sie Ihren Gesprächspartner, ob Sie sich Notizen machen können.
- Stellen Sie Fragen – möglichst anhand einer Frageliste, die Sie für den Termin vorbereitet haben. Seien Sie selbst auch auf unangenehme oder provozierende Fragen gefasst – und reagieren Sie darauf ruhig und sachlich.

Nur ein Bruchteil der Persönlichkeit ...

Der erste Eindruck, den wir von jemandem gewinnen, wird durch eine sehr selektive Wahrnehmung geprägt. Das bedeutet: Wir nehmen nur einen Bruchteil dessen auf, was die Person und den Charakter unseres Gegenübers ausmachen. Es ist ganz normal, dass wir zunächst ein grobes Beurteilungsraster zu Hilfe nehmen, das wir uns im Laufe der Zeit zurechtgelegt haben. Diesem Raster ordnen wir die Signale und Reize unseres Gegenübers zu, die wir beim ersten Aufeinandertreffen am stärksten wahrnehmen.

Je nachdem, in welche Kategorie unser Gesprächspartner in den ersten Sekunden »gefallen« ist, beurteilen wir alle Informationen und Signale, die wir anschließend aufnehmen. Am liebsten wäre es uns, wenn sich unser Gesprächspartner nach dem ersten optischen Eindruck eindeutig einer bestimmten Schublade zuordnen lässt. Denn eigentlich versuchen wir alle weiteren Informationen, die wir im Laufe eines Zusammentreffens bekommen, lediglich dazu zu nutzen, das einmal in Sekundenbruchteilen gefällte Urteil zu bestätigen. Wenn Sie also kurz nach dem ersten Kennenlernen feststellen, dass Ihr Gegenüber sein Urteil bereits gefällt hat, bleiben Ihnen nur zwei Möglichkeiten:

1. Sind Sie damit zufrieden, wie Ihr Gesprächspartner Sie einschätzt? Dann gilt es, diesen Eindruck im weiteren Gesprächsverlauf zu vertiefen und zu bestärken. Das sollte Sie jedoch nicht dazu verführen, dass Sie ihm jetzt nur noch zustimmen und nach dem Munde reden, um die erste positive Einschätzung um jeden Preis zu erhalten.
2. Hat Ihr Gesprächspartner einen falschen Eindruck gewonnen? Dann gilt es, alles zu versuchen, dies »umzudrehen« – ein schwieriges, aber nicht unmögliches Unterfangen. Stellen Sie höflich, aber bestimmt Ihre Vorzüge und wichtigsten Eigenschaften heraus, doch werden Sie dabei auf keinen Fall ausfallend.

In beiden Fällen sind zwei Dinge einfach unabdingbar: die Wahrung des guten Tons und das Ausstrahlen von Selbstvertrauen. Damit können Sie den ersten Eindruck, den man von Ihnen gewinnt, in jedem Falle enorm verstärken beziehungsweise zum Positiven hin verändern.

Der letzte Eindruck bleibt in Erinnerung

Der erste Eindruck, den jemand von Ihnen gewinnt, führt sozusagen zu einem »Vor-Urteil« über Ihre Person und Ihren Charakter. Dieser Eindruck mag falsch sein – dann haben Sie aber noch immer die Gelegenheit, ihn im Verlauf der Begegnung zu verändern.

Anders ist es mit dem letzten Eindruck, den Ihr Gegenüber mitnimmt. Diese Erinnerung können Sie zunächst nicht ändern – außer es kommt zu einer zweiten Begegnung. Informationen und Empfindungen, die am Ende eines Zusammentreffens aufgenommen werden, bleiben besser im Gedächtnis als die zu Anfang eines Termins. Nachdem Ihr Gesprächspartner sich verabschiedet hat, wird er – wie Sie wahrscheinlich auch – das Treffen Revue passieren lassen. Denken Sie also daran: Dem letzten Eindruck, den Sie als Gesprächspartner hinterlassen haben, kommt in dieser abschließenden Bewertung eine ebenso prägende Funktion wie dem ersten Eindruck zu.

Ein Patzer am Ende – alles verloren?

Ähnlich wie beim Beginn einer Begegnung können auch am Ende eines Treffens falsche Beurteilungen entstehen und eine ursprünglich positive Bewertung zunichtemachen oder aber eine eher negative Beurteilung ins Positive wandeln. Daher sollten Sie darauf hinarbeiten, dass ein Gespräch harmonisch und wohlwollend endet. Das können Sie mit Hilfe verschiedener verbaler und nonverbaler Signale erreichen:

- → Bleiben Sie gleichbleibend aktiv und interessiert.
- → Halten Sie weiterhin den Kontakt zu Ihrem Gesprächspartner.
- → Lassen Sie sich auch am Ende des Gespräches, beim verabschiedenden Smalltalk, nicht zu vertraulichen und allzu persönlichen Bemerkungen hinreißen. Zeigen Sie je nach Verlauf des Gesprächs und Ihrem persönlichen Eindruck weder unüberlegte Euphorie noch deprimierte Resignation.

Nun haben Sie erfahren, wie wichtig Grundlagen, wie ein gesundes Selbstbewusstsein oder die richtige Einstellung, für den beruflichen Erfolg sein können. Doch es gibt noch weitere Faktoren, wie Sie den ersten Eindruck positiv beeinflussen können: durch passende Kleidung, eine ausgewogene Körpersprache und eine gute Kommunikationsfähigkeit.

Gut gewählt?

Kleider machen Leute!

2

→ Wenn Sie wissen, wie man sich kleidet, überzeugen Sie schon mit Ihrem ersten Eindruck – aber auch Tag für Tag im Beruf. Mit Ihrem Outfit senden Sie deutliche Signale aus: Sie beweisen, dass Sie sich inner- und außerhalb der Firma Ihrer Position entsprechend präsentieren können. Das gilt für den Kundenkontakt ebenso wie für die Gehaltsverhandlung oder den Umgang mit den Kollegen. Deshalb: Eine gepflegte Erscheinung ist in jedem Job unabdingbar – und die beste Voraussetzung für den Erfolg.

Unterstreichen Sie Ihre Persönlichkeit

Wie ausschlaggebend der erste Eindruck ist, den Sie bei Ihrem Gegenüber hinterlassen, wissen Sie bereits. Da beim ersten Zusammentreffen unser Äußeres eine entscheidende Rolle spielt, ist die passende Kleidung besonders wichtig. Wer schon zum Vorstellungsgespräch oder zum ersten Arbeitstag in »falscher« Kleidung erscheint, wird es schwer haben, andere von sich zu überzeugen. Damit Sie sich ganz auf Ihr berufliches Vorankommen konzentrieren können, achten Sie am besten von Anfang an auf ein angemessenes Outfit. Damit punkten Sie nämlich nicht nur beim ersten Zusammentreffen, sondern überzeugen tagtäglich mit einem guten Auftritt im Job.

Durch Ihr Outfit können Sie außerdem ganz gezielt Ihre Persönlichkeit unterstreichen. Denn mit der Kleidung senden wir ganz bestimmte Signale aus, die von unserer Umgebung entsprechend interpretiert werden. Und das erweist sich – vor allem bei einem ersten Termin – als enorm zeitsparend. Die meisten von uns sind in ihrer täglichen Arbeitssituation einer Fülle von Reizen und Anforderungen ausgesetzt, die es zu verarbeiten und zu meistern gilt. So bleibt kaum Zeit, bei einem neuen Geschäftskontakt, bei der Auswahl eines wichtigen Lieferanten oder der Wahl einer Teamleiterin langwierig die persönlichen Werte der jeweiligen Person auszuloten.

Mit unserer Kleidung bringen wir zum Ausdruck, was wir darstellen möchten. Allein über Ihre äußere Erscheinung und Ihre Kleidung teilen Sie Ihrer Umgebung mit, »wer Sie sind«. Und innerhalb von Sekunden, ohne ein längeres Gespräch mit Ihnen geführt zu haben, kann Ihr Gegenüber zum Beispiel bereits darauf schließen,

- ob Sie »gesellschaftsfähig« sind – das heißt, ob Sie, gemessen an Ihrem Outfit, das Sie speziell für dieses Treffen ausgewählt haben, in der Lage sind, sich dem Anlass und der Situation angemessen zu kleiden.
- ob Sie wissen, in welchem Bereich das Unternehmen angesiedelt ist, mit welcher Art von Kunden und Geschäftspartnern die Firma zu tun hat und wie der Betrieb im In- und Ausland aufgestellt ist.
- ob Ihnen bewusst ist, dass sich Ihr Kommunikationsvermögen und Ihre Kompetenz auch über Ihr Äußeres ausdrücken.

Mit Ihrer Kleidung können Sie Ihr Wesen, Ihren Charakter, Ihr Temperament, aber auch Ihre Ziele und Wünsche darstellen. Um die entsprechende Kleidung – in der Sie sich wohlfühlen, aber auch vorteilhaft wirken – auswählen und für Ihre

Ausstrahlung nutzen zu können, sollten Sie sich aber erst einmal klarmachen, welches Bild von sich Sie abgeben möchten:

- Was wollen Sie Ihrer Umwelt vermitteln?
- Wie ist Ihr Image – sowohl Ihr Bild von sich selbst als auch das Bild, das die anderen von Ihnen haben (sollen)?
- Welcher Stil passt zu Ihnen?
- Gibt es eine Art Vorbild, an dem Sie sich orientieren können?
- Ist das von Ihnen angestrebte Bild realistisch? Oder entspricht es eher einer Wunschvorstellung, die mit Ihrer Person wenig gemein hat?

Ein erfolgreiches Image

Egal, ob wir mit altbekannten Freunden oder neuen Kontakten zu tun haben – natürlich ist es immer unser Wunsch, andere Leute mit unserer Persönlichkeit zu beeindrucken. Das richtige Image hat nicht ausschließlich etwas mit teurer Kleidung oder aufeinander abgestimmten Accessoires zu tun, sondern auch damit, Sie selbst zu sein. Erst wenn Sie das erkannt haben, können Sie sich mit der Frage beschäftigen, wie Sie Ihr Image auf eine angemessene Weise verbessern. Glauben Sie nicht, Sie müssten nur ein paar »Tricks« erlernen – und könnten dann alle anderen damit überzeugend zum Narren halten. Weit gefehlt! Ihr Image muss Sie selbst und Ihr persönliches Potenzial widerspiegeln.

Der Eindruck, den Sie erwecken, sollte Ihrer Persönlichkeit entsprechen. Ist das nicht der Fall, setzen Sie falsche Signale und wecken damit unzutreffende Erwartungen: Das Bild, das Sie abgeben, wird Ihnen nicht gerecht, es wird Sie nicht »tragen«, sondern bricht früher oder später in sich zusammen. Ein erfolgreiches Image ist ehrlich, holt aber gleichzeitig das Beste aus Ihrer Persönlichkeit heraus und gibt Ihnen dabei ausreichend Selbstbewusstsein – in jeder Situation.

Sicherlich haben Sie sich schon einmal Gedanken um Ihr Auftreten gemacht. Wie ist es um Ihr Image bestellt? Kann es den Anspruch, den Sie an sich selbst stellen, erfüllen? Oder sind Sie mit Ihrem Ansehen unzufrieden, finden aber nicht heraus, woran es liegen könnte? Das können Sie ganz leicht mit folgendem Fragebogen zur Übereinstimmung von Image und Anspruch überprüfen. Dieser Test ist zwar auf berufstätige Frauen zugeschnitten, kann aber auch für Männer, die sich mit ihrem Ansehen und ihrer Ausstrahlung beschäftigen möchten, durchaus interessante Anregungen bieten.

Nun haben Sie einen guten Anhaltspunkt, welche Ihrer Angewohnheiten und Verhaltensweisen sich positiv auf Ihr Image auswirken und wissen, an welchen Punkten Sie etwas ändern können. Oder sind Sie grundsätzlich mit Ihrem Erscheinungsbild unzufrieden? Vielleicht liegt das daran, dass Sie noch nicht

Entspricht Ihr Erscheinungsbild Ihrem Anspruch?

→ Als Frau, die im Beruf ernst genommen werden und vorankommen möchte, werden Sie auf Ihr Outfit besonders viel Wert legen. Weder ein Zuviel noch ein Zuwenig machen Sie zu einer seriösen Businessfrau. Dieser Fragebogen zeigt Ihnen, inwieweit Ihr Selbstbild beziehungsweise Ihr Image – das Sie vermitteln wollen – mit dem Anspruch übereinstimmen, den Sie an sich selbst stellen.

1. Nehmen Sie sich mehr als eine Viertelstunde Zeit, sich für den Bürotag zu stylen? Dabei zählt die Zeit unter der Dusche nicht mit.
2. Genügen Ihnen zehn Minuten, um Ihr Haar für den Berufsalltag in Form zu bringen?
3. Maniküren Sie Ihre Fingernägel jede Woche mindestens einmal?
4. Tragen Sie jeden Tag im Job ein dezentes Make-up?
5. Überprüfen Sie Ihr Make-up mehrmals täglich und frischen es gegebenenfalls auf?
6. Wissen Sie, wie Sie durch entsprechende Kleidung schlanker wirken?
7. Tragen Sie auch bei sommerlicher Hitze keine ärmellosen Oberteile?
8. Tragen Sie Röcke, die nicht nach oben rutschen, wenn Sie sich setzen?
9. Kennen Sie die ideale Rocklänge für den Berufsalltag?
10. Halten Sie stets Accessoires für einen besonderen Look bereit – zum Beispiel für ein Geschäftsessen nach Feierabend?
11. Tragen Sie jeden Tag Schmuck, zum Beispiel Ohrringe oder -clips?
12. Tragen Sie stets einen Gürtel – selbst, wenn keine Schlaufen vorhanden sind?
13. Sind Ihre Schuhe, Ihre Handtasche oder Ihr Aktenkoffer sowie Ihre Uhr von guter Qualität, sodass sie Ihre Position und Ihren Erfolg unterstreichen?
14. Tragen Sie überwiegend Schuhe ohne oder mit eher flachem Absatz?
15. Bewahren Sie Ihre Schuhe im Schrank auf Schuhspannern auf?
16. Kleiden Sie sich anders als sonst, wenn Sie eine wichtige Besprechung haben?

→ Lesen Sie weiter auf der nächsten Seite.

Entspricht Ihr Erscheinungsbild Ihrem Anspruch?

Lösung

1 JA: Nur zu duschen reicht für ein angemessenes Auftreten im Job nicht aus. Ein perfektes Make-up und eine gut sitzende Frisur dauern 15–20 Minuten, das Ankleiden und die Wahl der Accessoires weitere zehn Minuten – selbst wenn Sie alles schon am Abend vorher bereitgelegt haben.

2 JA: Entweder Sie investieren keine Zeit und Mühe in Ihre Frisur oder Sie haben einen schicken wie praktischen Haarschnitt, der mit wenigen Griffen gut aussieht.

3 JA: Hände und Nägel haben große Bedeutung – nichts wirkt schlimmer als ein perfektes Outfit zu ungepflegten Händen.

4 JA: Laut Studien erhalten Frauen mit Make-up ein höheres Gehalt und werden schneller befördert. Wählen Sie Farben, die natürlich, dezent und elegant wirken.

5 JA: Selbst wenn Sie Ihr Make-up morgens sorgfältig auftragen, sollten Sie es wenigstens einmal am Tag mit ein wenig Puder auffrischen. Den Lippenstift wird man im Laufe des Tages sogar zwei- oder dreimal neu auftragen müssen.

6 JA: Schnitt, Stoff, Struktur und Muster der Kleidung entscheiden über Ihr Aussehen. Gibt es in Ihrem Schrank noch Kleidungsstücke, die Sie »voluminöser« erscheinen lassen als Sie sind? Dann finden Sie heraus, woran das liegt und meiden Sie solche Schnitte, Stoffe und Muster künftig.

7 JA: Ärmellose Kleider untergraben Ihre Autorität, deshalb sollten Sie Ihre Arme immer bedeckt halten – wenigstens bis knapp unterhalb des Ellbogens. Bei wichtigen Terminen tragen Sie besser eine Jacke, egal, wie warm es ist.

8 JA: Dann haben Sie eine elegante, lockere Passform für Röcke gewählt, sodass sie dort bleiben, wo sie sollen. Rutscht Ihr Rock an Ihren Oberschenkeln auf und ab, ist er eindeutig zu kurz oder zu eng.

9 JA: Optimal ist es, wenn der Rocksaum das Knie umspielt und im Sitzen nicht mehr als eine Handbreit des Oberschenkels zeigt.

10 JA: Ereignisse mit geschäftlichem und zugleich gesellschaftlichem Charakter, wie ein After-Work-Drink oder -Dinner, sind wichtig für Ihre Karriere. Ihr Tages-Outfit sollten Sie also mit wenigen Handgriffen und Accessoires in eine elegante Abendkombination verwandeln können.

11 JA: Ohrringe oder zumindest Clips haben für Frauen den gleichen Stellenwert wie Krawatten für Männer. »Ohne« sind Sie nicht perfekt gekleidet.

12 JA: Ein Gürtel ist der perfekte Abschluss für Rock wie Hose. Wählen Sie eine neutrale Farbe und eine gute Qualität.

⑬ **JA:** Bekanntlich sind Accessoires das »i-Tüpfelchen« im Outfit. Geben Sie deshalb Ihrem Image mit Accessoires der besten Qualität, die Sie sich leisten können, den letzten Schliff.

⑭ **JA:** Denn mit hohen Absätzen stehen Sie nicht »mit beiden Beinen auf der Erde«. Deshalb greifen Sie lieber zu schicken Schuhen ohne oder mit eher flachem Absatz. Gut gekleidet schreiten Sie damit mit einem sicheren Gang durchs Berufsleben.

⑮ **JA:** Gute Schuhe brauchen gute Pflege. Qualität kickt man nicht einfach von den Füßen! Schuhspanner können das Leben guter Schuhe um einiges verlängern. Im Schrank aufbewahrt, verstauben sie nicht und behalten ihre Farbe.

⑯ **JA UND NEIN:** Beides ist hier denkbar, denn selbstverständlich sollten Sie immer gut gekleidet sein, damit Sie auf unvorhergesehene Besprechungen mit wichtigen Geschäftspartnern jederzeit vorbereitet sind.

Test-Auswertung

Jede mit Ja beantwortete Frage zählt einen Punkt. Wenn Sie Ihre Antworten mit den Lösungen vergleichen, wissen Sie, ob und an welchen Punkten Sie sich noch verbessern können.

→ **13–16 PUNKTE:** Um Ihr Image müssen Sie sich keine Sorgen machen: Sie wirken überzeugend! Und Sie wissen, dass man sich jeden Tag um einen guten Eindruck bemühen muss.

→ **9–12 PUNKTE:** Vermutlich schöpfen Sie Ihr Potenzial nicht aus. Sie vermitteln nicht die Ausdruckskraft, die Ihren tatsächlichen Möglichkeiten und Fähigkeiten entspricht. Daher sollten Sie Ihr berufliches Image überprüfen und gegebenenfalls auf den aktuellen Stand bringen. Dabei können nachfolgende Tipps und Infos zum richtigen Image hilfreich sein – aber auch das Wissen um die Wirkung von Farben (»Entdecken Sie Ihre persönlichen Farben«, Seite 57).

→ **UNTER 8 PUNKTEN:** Ihr Auftreten entspricht vermutlich weder Ihrem Anspruch noch dem, was Sie in Ihrem beruflichen Leben erreichen wollen. Man könnte sogar sagen: Sie werden es schwer haben, auf der Karriereleiter aufzusteigen, wenn Sie Ihr Äußeres nicht ändern. Bisher senden Sie die falschen Signale aus. Wollen Sie im Beruf vorankommen, sollten Sie an sich und Ihrem Aussehen arbeiten. Mit der Hilfe eines Profis können Sie schneller Erfolge erzielen als durch eigenes Herumexperimentieren. Passende Ansprechpartner und Adressen finden Sie im Serviceteil (→ Bücher, die weiterhelfen«, Seite 188).

das zu Ihnen passende Image gefunden haben. Da aber genau das ausschlaggebend für einen guten Auftritt ist, lohnt es sich, daran zu arbeiten: Egal, ob Sie sich zum ersten Mal damit beschäftigen oder ganz gezielt einzelne Aspekte optimieren möchten – beides wird Sie voranbringen.

Finden Sie Ihr Image!

Wer sich in seinem Outfit wohlfühlt, strahlt nicht nur ein positives Selbstwertgefühl, sondern zudem Souveränität und Kompetenz aus. Die passende Kleidung zu finden, ist jedoch nicht immer ganz einfach. Hilfreich ist es auf jeden Fall, wenn Sie wissen, welchem Imagetyp Sie entsprechen. Selbstverständlich gibt es Mischtypen, die sich nicht eindeutig nur einer Kategorie zuordnen lassen – meist jedoch überwiegt ein bestimmtes Naturell. Lesen Sie doch einfach mal die folgenden Beschreibungen. Erkennen Sie sich wieder?

Der natürliche Typ

- ➔ Kleidungsstil: Sie tragen auch im Job eher bequeme Kleidung. In Ihrem Business-Outfit bevorzugen Sie eher Baumwolle und Leinen als Kaschmir und Seide. Und Sie mögen keine hochhackigen Pumps, sondern eher flache Schuhe.
- ➔ Farben: Ihnen gefallen kräftige Töne wie Braun, Rostbraun, Goldgelb, Dunkelblau, Seegrün und Sand.
- ➔ Accessoires: Hier bevorzugen Sie natürliche Materialien.
- ➔ Make-up: Tönungscreme, Lidschatten in Erdtönen, brauner oder schwarzer Mascara und ein natürlich wirkender Lippenstift sind Ihre Wahl.
- ➔ Haar: Ob kurzes oder langes Haar – Sie tragen es meist natürlich fallend. Ausgefallene, modische Frisuren passen nicht zu Ihrem Stil.

Der klassische Typ

- ➔ Kleidungsstil: Sie achten auf gute Passform, edle Stoffe und klassische Dessins. Bei Ihnen passt immer alles zusammen. Sie können sogar modisch up-to-date sein, aber nichts wirkt zu ausgefallen und verrückt.
- ➔ Farben: Blau, Grün, Violett und neutrale Farben sind die Grundlagen Ihrer Garderobe – Akzente setzen Sie mit leuchtenden Farben. Ihre traditionelle Kombination ist Marine und Weiß.
- ➔ Accessoires: Sie tragen Schmuck und Uhr in schlichter, aber edler Ausführung. Bei Handtasche und Gürtel legen Sie Wert auf hohe Qualität.
- ➔ Make-up: Sie verzichten nie auf eine Grundierung, Puder, Rouge, Lidschatten, Mascara und Lippenstift.
- ➔ Haar: Ihre Haare sind eher glatt und haben einen perfekten Schnitt.

Der romantische Typ

- Kleidungsstil: Sie entscheiden sich für weiche, fließende Stoffe. Wenn Sie im Job ein Kostüm tragen, kombinieren Sie es immer mit einem Tuch oder einer verspielten Bluse.
- Farben: Sie lieben Rosa, Rot, Pflaume, Lila sowie Violett und ziehen stets farbige Kleidung neutralen Tönen vor.
- Accessoires: Antike Schmuckstücke passen gut zu Ihnen.
- Make-up: Sie betonen Ihre Augen und Lippen mit Ihren Lieblingsfarben – passend zur Kleidung.
- Haar: Sie tragen Ihr Haar entweder leicht gewellt oder sogar stark gelockt.

Der kreative Typ

- Kleidungsstil: Sie mischen gerne topaktuelle Modehits mit ausgefallenen Stücken und kombinieren vor allem gerne verschiedene Materialien.
- Farben: Sie verblüffen durch ausgefallene Zusammenstellungen. Dabei legen Sie es manchmal sogar darauf an, durch Farbe zu schockieren.
- Accessoires: Ob Brille, Gürtel, Knöpfe oder Schmuck – bei Ihnen ist nichts konventionell. An Ihnen wird man immer wieder ausgefallene (Einzel-)Stücke bewundern.
- Make-up: Sie rücken gekonnt Ihre Augen in den Mittelpunkt.
- Haar: Sie haben Mut und testen sogar die neueste Kreation Ihres Friseurs.

Der dramatische Typ

- Kleidungsstil: Sie wählen auffällige Proportionen – zum Beispiel eine lange Jacke zu Shorts oder einem kurzen Rock. Sie kaufen selten das vollständige Outfit von einem Couturier, sondern stellen sich nach Lust und Laune Ihre eigene Variation zusammen.
- Farben: Sie bevorzugen Rot, Blau und Gelb. Ihr absoluter Favorit ist und bleibt aber Schwarz.
- Accessoires: Sie nehmen gerne ein ausgefallenes Schmuckstück als optischen Blickfang – riesige Ohrringe oder eine originelle Brosche.
- Make-up: Zu einer matten Grundierung tragen Sie Lidschatten in Naturtönen und eine auffällige Lippenfarbe.
- Haar: Eine asymmetrische Frisur entspricht genau Ihrem Typ.

Welcher Imagetyp entspricht Ihnen?

Haben Sie sich wiedererkannt? Dann wissen Sie nun, welchem Typ Sie am ehesten entsprechen und worauf Sie bei Ihrem Outfit, Ihrem Make-up und Ihrer Frisur achten sollten. Falls Sie sich nicht nur einem Charakter zuordnen konnten:

Holen Sie sich von den infrage kommenden Typen Anregungen und probieren Sie aus, was tatsächlich am besten für Sie passt und in welchem Outfit Sie sich am wohlsten fühlen. Denn genau dieses Gefühl ist es, das sich auf Ihre Umgebung überträgt und bei Ihren Mitmenschen einen bestimmten Eindruck von Ihnen entstehen lässt. Nur wer sich in seiner Haut beziehungsweise in seiner Kleidung wohlfühlt, strahlt das auch aus – selbstbewusst und souverän.

Eine Frage des Stils?

Der Anspruch an das eigene Image steht immer in engem Zusammenhang mit der Frage nach dem persönlichen Stil. Werden Ihre Kleidung und Ihr Stil dem Image gerecht, das Sie ausstrahlen möchten?

Stil ist die persönlichste Art, sich von anderen zu unterscheiden. Für den amerikanischen Modeschöpfer Tom Ford ist Stil der Erwerb einer eigenen Identität und nicht irgendeines Labels. Stil hat offensichtlich nichts mit Markenbewusstsein zu tun oder damit, immer topmodisch gekleidet zu sein. Natürlich werden Sie in gehobener Position keine unmoderne Kleidung aus der Mottenkiste tragen. Aber Sie machen auch nicht jeden Trend mit. Gerade als seriöse Businessfrau oder als solider Geschäftsmann nicht!

Jeder von uns offenbart sein Wesen und sein Innenleben, bewusst oder unbewusst, durch die Art, wie er sich kleidet. Wer wir sind und wohin wir gehören – oder gerne gehören möchten – lässt sich an unserem Outfit ablesen – ob strenge Business-Kleidung, alternativer Schlabberlook oder Blaumann.

Unsere Kleidung sagt viel aus

Das Wort »Stil« wird einerseits dafür verwendet, zu beschreiben, wie wir uns über Kleidung und Accessoires darstellen, andererseits impliziert es immer auch einen Qualitätsanspruch: Stil steht auch für guten Geschmack. Sagt man von jemandem, er habe keinen Stil, so ist das immer abwertend gemeint. Stil zu haben, bedeutet Lebensart, Ausdrucksweise, Kultiviertheit, Auftreten und Haltung in Gemeinschaft mit Niveau und Umgangsformen.

Um einen »guten Stil« zu entwickeln, braucht es etwas Zeit und eine gute Beobachtungsgabe. Betrachten Sie bei Gelegenheit einmal Ihren Körper und Ihre Kleidung. Versuchen Sie, an Ihren Kleidern – vielleicht auch in Verbindung mit Ihren Accessoires – einen eigenen Stil zu entdecken. Vielleicht erkennen Sie keine klare Linie? Vielleicht gefällt Ihnen der Stil, den Sie bisher verfolgt haben, nicht (mehr), und Sie möchten Ihr Erscheinungsbild gerne optimieren? Das ist nicht so schwer, wie Sie denken, doch achten Sie dabei besser auf Folgendes:

→ Entspricht Ihre Kleidung wirklich Ihrer Persönlichkeit und dem von Ihnen angestrebten Image?
→ Passt Ihre Kleidung zu Ihrem Körper und lässt Sie gut und geschmackvoll gekleidet erscheinen?

Für die Wahl Ihrer Kleidung heißt das konkret: Wir müssen Schwachpunkte wie Vorzüge unseres Körpers kennen, um zu wissen, welche Kleidungsstücke uns gut aussehen lassen, was wir kaschieren und was wir betonen wollen. Mit einem optimalen Outfit, das sowohl zu Ihrer Figur passt als auch Ihre Persönlichkeit gekonnt unterstreicht, können Sie sicher noch eine ganze Menge aus Ihrer Erscheinung herausholen.

Oft wird Mode abfällig als oberflächlich und reines Kommerzprodukt angesehen. Tatsächlich kann man aber anhand der Kleidung viel über einen Menschen lernen. Hat er einen eigenen Stil entwickelt? Imitiert er lediglich andere? Und vor allem: Was will er mit seinem Outfit darstellen? Manchmal sind es nur Kleinigkeiten, die viel verraten. Deshalb sollten Sie immer auch auf Details in Ihrem Erscheinungsbild achten.

Vorsicht: Übertreiben Sie es mit Ihrem Outfit nicht! Niemand erwartet, dass Sie im Büro oder beim Kundentermin Edelmarken und neueste Modetrends tragen. Im Gegenteil: Das könnte leicht Neid unter den Kollegen hervorrufen und sich damit sogar negativ auf Ihre Akzeptanz auswirken. Dennoch: Zeitloser Stil und Eleganz schaden am Arbeitsplatz nicht.

Checken Sie deshalb Ihr Outfit auf Karrieretauglichkeit – denn nur wenn Sie hier bestehen, werden Sie im Job erfolgreich sein! Am schnellsten können Sie das herausfinden, indem Sie eine professionelle Stilberatung in Anspruch nehmen. Oder Sie zeigen Ihr Outfit bei Gelegenheit Freunden und Bekannten und bitten sie um ein ehrliches Urteil. Möglicherweise haben Ihre »Kritiker« den einen oder anderen guten Rat für Sie, was Schnitt, Accessoires oder Farben betrifft.

TIPP

Die Facetten Ihrer Persönlichkeit

Es kommt nicht nur darauf an, welche Schnitte, Stoffe, Muster oder Accessoires Ihr Äußeres günstig betonen. Genauso wichtig ist es, die Merkmale herauszufinden, die Ihre Persönlichkeit zu dem machen, was sie ist.
Dazu gehören:
→ Ihr Temperament,
→ Ihre Gestik,
→ Ihre Mimik,
→ Ihre Bewegungen,
→ Ihre Körperhaltung,
→ Ihr Gang,
→ Ihre Art, mit Menschen umzugehen,
→ Ihre Bedürfnisse und
→ Ihr Wohlbefinden.

Die Qual der Wahl – Farben und Formen

Egal, ob Sie Ihre Garderobe für ein Vorstellungsgespräch zusammenstellen oder für den Arbeitsalltag: Ebenso viel Sorgfalt, wie Sie auf Art und Stil Ihrer Kleidung und Ihrer Accessoires verwenden, sollten Sie in die Wahl der Farben und Schnitte investieren – und so lange verschiedene Kombinationen probieren, bis Sie die optimale Kleidung für sich gefunden haben.

Die Macht der Farben

Warum sind Farben für einen gelungenen Auftritt so wichtig? Weil wir mit den Farben unserer Kleidung unser Aussehen beeinflussen können. Zu unserer Haut, unserem Haar und zu unseren Augen passen bestimmte Farben besser als andere. Vielleicht haben Sie dies bereits bei sich selbst festgestellt? Die für Sie »guten« Farben lassen Ihr Gesicht erholt, gesund, frisch und lebendig erscheinen. Mit für Sie »schlechten« Farben erreichen Sie genau das Gegenteil: Sie sehen müde, blass, erschöpft und alt aus – egal, wie gut es Ihnen geht oder wie toll Sie sich fühlen.

Setzen Sie farbliche Signale!

Wenn Sie wissen, wie »Color Codes« funktionieren, können Sie sich den psychologischen Effekt von Farben zunutze machen und geeignete Farben gezielt einsetzen, um Ihre Ausstrahlung sowie Ihr Image zu unterstreichen. Jede Farbe übt eine ganz bestimmte Wirkung auf unsere Mitmenschen aus, sendet sozusagen ein bestimmtes Signal. Nicht alle Farben jedoch sind dazu geeignet, sich komplett »von Kopf bis Fuß« darin zu kleiden. Allerdings können Sie zumindest mit Accessoires in den betreffenden Farben Akzente setzen! Welche Farbe welchen Effekt hat und was Sie über uns aussagt, erfahren Sie hier:

→ **BLAU UND GRAU** sind nach wie vor die klassischen Farben für die Berufswelt. Das gilt für Frauen und Männer gleichermaßen. Grau steht für Seriosität, Blau gilt als Signal für Zuverlässigkeit: Wer zum Beispiel im Banken- oder Versicherungswesen tätig ist, trifft damit immer die richtige Wahl. Für wichtige Termine – egal, in welcher Branche – sind Sie in Blau- und Grautönen perfekt gekleidet. Damit erscheinen Sie seriös und können Ihr Outfit zusätzlich mit Accessoires in anderen Farben »aufwerten«.

INFO

Wie Farben unser Aussehen verändern können

Ein Gesicht verrät viel – und das nicht nur aufgrund unserer Mimik. Unser Hautton gibt Aufschluss über unsere physische und psychische Konstitution. Daran kann man erkennen, ob jemand traurig, fröhlich, müde, frisch oder unternehmungslustig ist. Sind wir erschöpft oder krank, arbeiten unsere Stoffwechselfunktionen vermindert und unser normalerweise rosiger, gesunder Teint erscheint grau, der Gesichtsausdruck matt.
Unsere Kleidung bringt bestimmte Farben in unmittelbare Nähe unseres Gesichts – und unser Auge lässt sich optisch täuschen: Der Blick bezieht die umgebenden Farben mit ein und das kann sich – je nach Farbe – vorteilhaft oder ungünstig auswirken. Denn durch Farben, die mit unserem Hautton nicht harmonieren,

- werden Fältchen zu Falten.
- glänzt unser Haar nicht, sondern erscheint stumpf und strohig.
- erscheinen unsere Augen nicht strahlend, sondern eher trüb.
- fallen Pickel, Hautflecken oder Rötungen plötzlich mehr auf.

2

- **ROT** ist eine provozierende Farbe, und wer sie trägt, sagt ganz klar: »Wo ich bin, ist der Mittelpunkt!« Sie zeigen sich selbstbewusst und strahlen besonders viel Energie aus. Als »Frau in Rot« wirken Sie im Job jedoch unter Umständen allzu auffällig. Zum Businesskostüm in gedeckten Farben jedoch eine rote Bluse oder ein roter Schal – das sieht schon ganz anders aus! Auch Herren tragen gerne mal Rot – zum Beispiel als Krawatte oder Einstecktuch. Sie sollten aber darauf achten, kein allzu grelles Rot zu wählen.
- **SCHWARZ** ist für manche Branchen, wie zum Beispiel Werbung und Marketing, praktisch die »Berufsfarbe« geworden. Vorsicht: Damen ganz in Schwarz wirken beinahe mondän – und das müssen Sie sich vom Image her erst mal leisten können. Der schwarze Anzug für den Herrn beziehungsweise das Businesskostüm für die Dame sollte mit feinen Nadelstreifen aufgelockert werden. Seien Sie auch vorsichtig mit dem Kontrast von Weiß und Schwarz: Das signalisiert zwar Souveränität, wirkt aber gleichzeitig sehr hart und ist daher nicht für jeden Typ geeignet. Weicher – und zudem sehr elegant – ist die Kombination von Dunkelgrau und Eierschale oder einem leichten Beige.
- **ORANGE** signalisiert Kommunikationsfähigkeit und steht für Selbstsicherheit, Mut und Abenteuerlust. Aufgrund ihrer starken Leuchtkraft sollte auch diese Farbe nur kleine Farbtupfer in Ihrem Outfit ausmachen.

- **GELB** zeigt zwar Ihr sonniges Gemüt und bringt Farbe in den Alltag, doch keinesfalls sollten Sie sich komplett in Gelb kleiden. Selbst wenn Sie vor Zuversicht und Power nur so strotzen – wie bei Rot tragen Sie am besten lediglich Accessoires in dieser strahlenden Farbe. Das wirkt erfrischend, aber nicht übertrieben!
- **BRAUN** gehört zu der Familie der erdigen Farben und deutet auf Ruhe und Harmonie hin. Allerdings wirkt man in dieser Farbe schnell allzu unauffällig und genau das riskieren Sie im Job besser nicht! Braun lässt sich jedoch hervorragend kombinieren – zum Beispiel mit Schwarz, bestimmten Rot- und Blautönen sowie Gelb und Orange.
- **ROSA** gilt als ausgesprochen weibliche Farbe – und wird daher leider noch immer mit mangelnder Durchsetzungskraft verbunden. Vermeiden Sie es deshalb lieber als Frau, allzu viel Rosa zu tragen. Wenn Sie nicht ganz darauf verzichten wollen, setzen Sie diese Farbe nur sehr dezent ein. Vor allem dann, wenn Sie im Job als ernst zu nehmende Geschäftspartnerin gelten wollen. Männer können Rosa ebenfalls tragen – als zartes Rosé bei der Hemdfarbe wirkt es frisch und nicht feminin.
- **GRÜN** ist immer noch eine seltene Farbe im Business-Outfit. Dabei steht Grün laut Farbpsychologie für Selbstbewusstsein und Ausgeglichenheit. Falls Sie sich bei Ihrem nächsten Outfit für Grün entscheiden: Hüten Sie sich vor allzu knalligen Tönen und wählen Sie lieber aus der eher gedeckten Farbpalette – auch bei Accessoires in dieser Farbe!
- **WEISS** wird fast ausschließlich in medizinischen Berufen getragen – außerhalb dieser Berufssparte sollten Sie daher nicht »ganz in Weiß« zum Job erscheinen. Eine weiße Bluse oder ein weißes Hemd dagegen vermitteln stets einen gepflegten und professionellen Eindruck. Denn Weiß gilt neben Hellblau bei Hemden immer noch als *die* Businessfarbe. Und ist außerdem stets eine gute Kontrastfarbe zu dunklen Tönen.
- **BEIGE ODER NATURFARBEN:** Mit diesen »Un«-Farben sind Sie besser vorsichtig, denn sie gelten als langweilig und statisch – und diesen Eindruck wollen Sie doch gewiss nicht hinterlassen. Im Sommer ist ein naturfarbenes Leinenkostüm oder ein Hosenanzug in dieser Farbe jedoch durchaus en vogue – wenn Sie das Ganze mit einer Bluse oder einem Tuch in strahlenden Farbtönen kombinieren.
- **VIOLETT** vermittelt Ihrem Gegenüber, dass Sie Selbstvertrauen und Individualität ausdrücken wollen. In dunklen Violett-Tönen können Sie etwa ein Kostüm oder einen Hosenanzug tragen – dann aber mit einer Bluse oder einem Tuch in einer anderen Farbe »aufgepeppt«. Verzichten Sie auf ein Outfit »ganz in Lila« – das erweckt den Eindruck von Selbstbezogenheit und Introvertiertheit. Davon mal abgesehen, dass »Lila« als Farbe der »Emanzen« gilt – und diesen Eindruck zu erwecken haben Sie sicher nicht nötig …

Entdecken Sie Ihre persönlichen Farben

Früher kannte man in der Farbberatung nur die Einteilung in die vier Jahreszeiten: Frühling, Sommer, Herbst und Winter. Heute geht die Farb- und Stilberatung wesentlich weiter und unterscheidet differenzierter, denn Farben sind unendlich vielfältig. Deshalb kennen wir Frühlingstypen, die hell, warm oder klar sind. Sommertypen präsentieren sich hell, kühl oder gedeckt, Herbsttypen gedeckt, warm oder dunkel. Und Wintertypen sind dunkel, kühl oder klar. Anhand Ihrer Haar-, Haut- und Augenfarbe können Sie mit Hilfe der nachfolgenden Charakterisierung feststellen, welcher Typ Sie sind.

2

Der klare Frühlingstyp

Haarfarbe: Mittel- bis Dunkelbraun oder Graumeliert
Hautton: sehr hell und durchsichtig – Porzellan, Elfenbein oder klares Beige
Augenfarbe: edelsteinartiges Blau, ebenso Blauviolett, Grün oder auch ein leuchtendes Haselnussbraun

➔ Das passt zu Ihnen: Schwarz wie alle leuchtende Töne – Ihnen steht Blau, Klatschmohn, Sonnengelb, Türkisblau, Violett und Smaragdgrün. Die Farbgebung ist eher warm als kühl, die Farbe sollte klar und nicht blass sein. Seien Sie bei beigefarbenen und »schmutzigen« Brauntönen vorsichtig!

Der warme Frühlingstyp

Haarfarbe: Gold, Rotblond oder Rot
Hautton: elfenbein- oder porzellanfarben, oft mit Sommersprossen
Augenfarbe: warme Grüntöne, Petrolblau, Türkis oder klares Haselnussbraun

➔ Das passt zu Ihnen: Ihre Farben sollten einen goldenen, satten Glanz haben und nicht zu dunkel sein. Gelbgrüne Töne stehen Ihnen sehr gut, Flaschengrün dagegen ist zu schwer für Sie. Zurückhaltung ist auch bei bläulichen und roten Farbtönen geboten!

Der helle Frühlingstyp

Haarfarbe: Blond oder Goldgrau
Hautton: heller oder elfenbeinfarbener Hautton, aber auch ein warmes Beige oder pfirsichfarbene Töne mit einem sehr geringen Kontrast zwischen der Haar- und Hautfarbe.
Augenfarbe: Blau, Blaugrün, Aquamarin oder Hellgrün

➔ Das passt zu Ihnen: Dunkle Farben lassen Sie blass und müde aussehen. Wählen Sie für offizielle Anlässe lieber Mittelgrau, Töne wie Eierschale, Camel und Blaugrau oder auch Lachs, Pink, Aquamarin und Veilchenblau.

Clevere Tipps von der Benimm-Expertin:

Wie Sie sich perfekt festlich kleiden

Ihre Firma lädt zum festlichen Empfang ein? Sie besuchen mit einem Geschäftspartner die Oper? Und sofort stellt sich die Frage: Was ziehen Sie an? Meist findet sich auf der Einladungskarte zum festlichen Anlass lediglich der Hinweis »festlich-elegant«. Dann sind Sie im dunklen Anzug passend gekleidet. Manchmal werden noch genauere Vorgaben für den Herrn vermerkt. Die Dame »muss« dann üblicherweise selbst wissen, wie sie sich kleidet. Doch wenn Sie die Kleidungsregeln kennen, greifen Sie immer zum richtigen Outfit:

→ **Festlicher dunkler Anzug** heißt auf französisch »Tenue foncée« und auf englisch »Dark suit« oder »Lounge suit«. Das bedeutet für den Herrn einen dunkelgrauen oder -blauen Anzug, dazu ein weißes Hemd mit diskreter, festlicher Krawatte, schwarze Socken und Schuhe. Getragen wird der dunkle Anzug bei allen offiziellen und feierlichen Anlässen – sowohl tagsüber wie auch am Abend.
Als Dame kommen Sie passend im festlichen Kostüm, im eleganten Hosenanzug – außer es wird getanzt – oder einem Cocktail- oder Abendkleid, das dem »kleinen Schwarzen« entspricht. Dazu können Sie auch offene Schuhe tragen.

→ **Der Smoking** nennt sich auch »kleiner Gesellschaftsanzug«, im Französischen »Cravate noire«, im Englischen »Black tie« oder auch »Dinner jacket« und in den USA »Tuxedo«. Er ist das offizielle, festliche Abend-Outfit: Dazu gehören die schwarze oder auch dunkelblaue Smokingjacke mit Revers oder Schalkragen in Seide, eine schwarze Hose mit Seidengalons – so nennen sich die aufgesetzten Längsstreifen an den Außennähten der Hosenbeine. Statt eines normalen Gürtels trägt man dazu einen »Kummerbund«, also eine Bauchbinde aus Seide oder Satin.
Heute ist zum Smoking die Weste aus bestickter Seide oder Brokat erlaubt. Dazu tragen Sie die klassische schwarze Satin-Schleife. Bitte keine roten, gestreiften oder karierten Fliegen – das wäre nicht en vogue! Übrigens: »Schleifen« werden immer selbst gebunden, während »Fliegen« bereits fertig gebunden gekauft werden. Das Oberhemd zum Smoking hat eine verdeckte Knopfleiste und einen Umlege- oder Kläppchenkragen. Es ist entweder weiß, champagnerfarben oder auch hellblau und kann eine verzierte Brustpartie haben. Schwarze Kniestrümpfe und ebenfalls schwarze Schuhe – am besten schwarze Lackschuhe oder auch Oxfords –

machen das Outfit perfekt. Bei abendlichen Festen unter freiem Himmel ist es kein Stilbruch, wenn der Herr in weißer Smokingjacke (Dinnerjackett) erscheint.
Für die Dame ist dazu ein festliches – sowohl kurzes als auch langes – Abendkleid, das sogenannte Cocktailkleid, ein schmales Dinnerkleid mit kleinem Dekolleté oder auch ein festlich-eleganter Hosenanzug die passende Kleidung.

→ **Der Cut** heißt in Frankreich »Jaquette«, in Großbritannien »Cutaway« oder »Morning coat«. Er ist das hochoffizielle, feierliche Tagesoutfit, das nie nach 18 Uhr getragen wird. Eine graue oder schwarze Schoßjacke wird kombiniert mit einer grau-schwarz gestreiften Hose, einer grauen Weste (»Gilet«), einer grau-silberfarbenen Krawatte oder einem Plastron – eine besonders breite Krawatte, fast schon ein Schal – und schwarzen Schuhen, die nicht unbedingt aus Lack sein sollten. Den Cut trägt der Herr bei einer kirchlichen Trauung, bei Staatsempfängen oder einer Beisetzung – dann selbstverständlich mit schwarzer Krawatte.
Als Dame tragen Sie ein kurzes Kleid mit Jacke oder Mantel, ein Cocktailkleid oder ein elegantes Kostüm, allerdings kein Abendkostüm. Strümpfe und geschlossene Schuhe sind ein Muss, Hut und Handschuhe können dazu getragen werden.

→ **Der »Stresemann«** ist benannt nach dem Politiker Gustav Stresemann und wird auch »Frack des Tages« genannt. Er wird anstatt des Cut zu etwas weniger festlichen Anlässen am Tag getragen. Der Stresemann besteht aus einer schwarz-grau gestreiften Hose, schwarzen Schuhen, einem schwarzen oder dunkelgrauen Jackett, einer hellgrauen Weste, einem weißen Hemd und einer silbergrauen Krawatte mit Nadel.
Die Dame mit einem Begleiter, der einen »Stresemann« trägt, kleidet sich entsprechend den Vorgaben für einen »Cut«.

→ **Der Frack** heißt auf französisch »Cravate blanche« oder »Frac habit«, auf englisch »White tie« oder »Full evening dress«.
Er ist das hochoffizielle, festliche Outfit für den Abend. Ein Muss sind die schwarze Frackjacke mit schwarzer Hose und hohem Bund sowie seitlichen Doppelgalons, dazu das weiße Frackhemd, die weiße Weste und die ebenfalls weiße Schleife oder Fliege. Schwarze Kniestrümpfe und schwarze Lackschuhe vervollständigen die Garderobe.
Die Dame trägt dazu ein langes Abendkleid oder eine Ballrobe. Ein großes Dekolleté sowie offene Schuhe, auch ohne Strümpfe, sind dazu erlaubt.

→ Grundsätzlich gilt für festliche Tages- und Abendveranstaltungen: Tragen Sie niemals Ihre Abendgarderobe am Tag und umgekehrt! Im Smoking – oder anderer festlicher Kleidung für den Abend – erscheint man erst nach 19 Uhr. Das gilt für die weibliche Garderobe ebenso wie für die männliche. Im Falle einer Veranstaltung, die sich sowohl über den Tag als auch den Abend erstreckt, planen Sie am besten eine passende Gelegenheit und Örtlichkeit zum Umkleiden ein.

Dresscode:
Wer trägt was?

Ein guter Auftritt im Berufsleben wird durch ein entsprechendes Outfit unterstützt. Empfindet Ihr Gegenüber Ihre Kleidung als angenehm und angemessen, wirkt sich dies vorteilhaft auf das Gespräch aus: Sie schaffen eine Atmosphäre, in der es sich gut kommunizieren lässt und in der es Ihnen leichtfällt, zu bestimmen, wo es langgeht. Genau deshalb sollten Sie sowohl beruflich wie privat Ihre Garderobe nicht ausschließlich nach der momentanen Laune und Ihren persönlichen Vorlieben auswählen.

Im Beruf heißt das: Sie müssen sich in Sachen Kleidung anpassen, um Ihre Ziele zu erreichen. Wenn Sie dann auf der Karriereleiter ganz oben angekommen sind – oder in einem kreativen Job arbeiten –, können Sie sich ganz individuell nach Ihrem »Gusto« kleiden. Vorher aber halten Sie sich an drei Grundsätze:

1. Treffen Sie beruflich vorwiegend mit Menschen zusammen, die wesentlich älter sind als Sie? Dann erlauben Sie sich lieber etwas weniger Freiheiten bei der Auswahl Ihrer Garderobe.
2. Sind Sie beruflich häufig zu offiziellen Terminen unterwegs oder zu feierlichen Anlässen eingeladen? Gerade dann sollten Sie Ihre Garderobe – egal, ob Sie Gastgeber sind oder Gast! – besonders sorgfältig aussuchen.
3. Treffen Sie eher auf vertraute oder auf fremde Menschen? Je nachdem halten Sie sich strikter oder weniger streng an Dresscodes.

Klar ist wohl jedem: Zur typischen Business-Kleidung, vor allem für kundenorientierte Berufe, gehören ganz gewiss keine Jeans, Shorts, Radlerhosen, Leggins oder T-Shirts! Alles, was unter »Freizeitmode« fällt, ist im Job für beide Geschlechter gleichermaßen verpönt. Allgemein gilt:

- → Als Mann sollten Sie bei bunten Jacketts und, je nach Branche, sogar mit Kombinationen vorsichtig sein. In den meisten Managementetagen ist der dunkelgraue, der dunkelblaue einfarbige oder mit (feinen!) Nadelstreifen versehene schwarze Anzug das bevorzugte Outfit. Das Hemd wird in Weiß oder Pastellfarben getragen, die Krawatte dazu in gedeckten Farben gewählt.
- → Business-Kleidung für Frauen heißt Kostüm, Kombination, Hosenanzug oder ein schlichtes Kleid mit Jacke. Das alles in gedeckten Farben, wobei Damen etwas mehr Spielraum als Männer haben. Schultern und Oberarme sind allerdings stets bedeckt, die Oberteile haben also mindestens kurze Ärmel. Und selbst bei Sommerhitze sind Strümpfe beziehungsweise Strumpfhosen ein Muss. Tabu sind Minirock, ein tief geschnittenes Dekolleté sowie hautenge Röcke und Hosen.

Neben diesen allgemeinen Kleidungsregeln wird im Geschäftsleben zusätzlich noch zwischen hochoffizieller und halboffizieller Business-Kleidung unterschieden. Dieser Unterschied wird gut am Beispiel eines konservativen Unternehmens deutlich: Die Mitglieder des Vorstands wählen stets die hochoffizielle Garderobe. Wer jedoch in der Firmenhierarchie weiter unten arbeitet, ist auch mit dem halboffiziellen Stil passend und gut gekleidet.

Hochoffizielle und halboffizielle Business-Kleidung für sie

Auf jeder Sprosse der Karriereleiter wird ein ganz bestimmtes Outfit erwartet: Ihre Position und die damit verbundene Teilnahme an offiziellen gesellschaftlichen Anlässen bestimmen Ihre Garderobe. Die jeweils gültigen Dresscodes sollten Sie nicht nur aus dem Effeff kennen, sondern bei der Wahl Ihrer Garderobe auch stets gewissenhaft berücksichtigen.

Die hochoffizielle Business-Kleidung für sie

Immer richtig angezogen sind Sie mit einem Kostüm und einer Bluse – beides in nicht zu grellen Farben. Alternativ können Sie auch ein Kleid wählen mit dazugehöriger Jacke. Für Kleid und Rock gilt: Die optimale Länge sollte am besten knieumspielend sein. Der klassische Hosenanzug ist zwar meist akzeptiert, in manchen Branchen und Ländern aber dennoch kein vollwertiger Ersatz für das elegante Businesskostüm.

Die halboffizielle Business-Kleidung für sie

Ist der Dresscode in Ihrer Abteilung oder bei einem Anlass nicht ganz so streng, können Sie nicht nur einen Hosenanzug tragen, sondern auch verschiedene Kleidungsstücke kombinie-

INFO

»Smart Casual« oder »Business Casual«?

→ »Casual« steht für »zwanglos« und »locker« – »smart« dagegen für »elegant« und »schick«. Der Dresscode »Smart Casual« bedeutet demnach: Sie müssen nicht im dunklen Anzug beziehungsweise im Kostüm erscheinen. Doch zu lässig sollten Sie sich auch nicht kleiden: Am besten ist ein lockeres, aber schickes Outfit, bei dem durchaus modische Akzente erlaubt sind. Der Dresscode »Business Casual« gilt vor allem für Veranstaltungen direkt nach Büroschluss, zu denen Sie dann in Ihrer alltäglichen Bürokleidung erscheinen.

Frau. Als sportliche oder große Frau fühlen Sie sich vielleicht mit flachen Schuhen wohler. Kleine, zierliche Frauen haben die Möglichkeit ihre Körpergröße mit einem etwas höheren Absatz auszugleichen. Zu hoch sollte der Absatz allerdings nicht sein, damit Sie einen festen Stand haben. Also: weder Stilettos noch Plateauschuhe, Lackschuhe oder gar Gesundheitstreter!

Bei Stiefeln sind bestenfalls klassische Modelle erlaubt – keinesfalls die sogenannten Overknee-Modelle oder Stiefel mit klobigem »Cowboy-Absatz«! Höher als drei Zentimeter sollte der Absatz nicht sein. Stiefel zum Business-Outfit sind eigentlich nicht en vogue, doch zum Hosenanzug sind sie als schlichte Variante in Glattleder und mit flachem oder kleinem Absatz mittlerweile »geduldet«. Zum konservativen Geschäftskostüm jedoch passen sie keinesfalls.

Nach der klassischen Regel sind Schuhe dezent in der Farbe und zugleich der dunkelste Part der Garderobe. Verzichten Sie im Berufsleben auf modische Schuhe in allen Farben des Regenbogens. Man soll sich doch lieber an Sie und Ihr Auftreten und nicht an Ihr Schuhwerk erinnern. Wichtig ist in jedem Fall: Ihre Schuhe müssen gepflegt sein – keine schiefen Absätze, abgestoßenen Ecken, Kratzer oder Flecken! Perfekt gekleidet sind Sie immer dann, wenn Ihre Schuhe mit Gürtel und Handtasche harmonieren. Auch die Qualität muss stimmen: Wählen Sie Schuhe aus einem hochwertigen Leder, nicht aus Textil oder Kunststoff.

Frauen und ihre Taschen ...

Nachdem es eine Zeit lang nicht üblich war, ist es heutzutage wieder erlaubt, neben dem Aktenkoffer oder der Tasche für den Laptop eine Handtasche für persönliche Utensilien zu tragen. Egal, welche Taschen Sie beruflich bei sich haben, sie sollten aus einem qualitativ hochwertigen Material, am besten aus echtem Leder, gearbeitet sein – keinesfalls aus Lederimitat, Kunststoff oder Textil, denn das sieht niemals elegant und seriös, sondern in kürzester Zeit benutzt und schäbig aus. Als Handtasche wählen Sie am besten ein klassisches Modell, das in Farbe und Stil mit Ihrer Garderobe harmoniert. Die meisten Frauen entscheiden sich für eine Tasche in Schwarz oder Weinrot und besitzen für den Sommer noch eine in Camel oder Dunkelblau. Die Größe der Tasche richtet sich nach ihrer Trägerin: Je größer sie ist, desto größer darf auch die Handtasche ausfallen. In jedem Falle sollte sie genügend Fächer besitzen, in denen Sie alle Utensilien so verstauen können, sodass Sie das Gesuchte auf Anhieb finden. Außerdem nützlich: ein Reißverschluss, der verhindert, dass Ihnen im unpassenden Moment etwas vor die Füße eines Kollegen oder Kunden fällt oder Sie in Eile womöglich noch etwas verlieren. Angenehmer Nebeneffekt: Niemand kann einen Blick in Ihre Tasche werfen oder persönliche Dinge herausragen sehen!

An der Geldbörse erkennt man Stil und Klasse

Manchmal sind es kleine Details, die Ihr Image perfekt machen – oder eben auch nicht. So zum Beispiel Ihr Portemonnaie: Täglich zücken Sie es mehrfach – ob Sie sich einen Kaffee am Automaten holen oder die After-Work-Drinks mit den Kollegen bezahlen. Deshalb achten Sie beim Kauf und Umgang mit Ihrer Geldbörse am besten auf folgende Punkte:

- Ihre Börse besteht aus Leder, ist schlicht und nicht protzig.
- Kredit- und EC-Karten haben genügend Platz und das Fach für Münzen ist groß genug, sodass nichts herausfällt.
- Schleppen Sie nichts Unnötiges, wie alte Kassenzettel, abgelaufene Bankkarten oder ungültige Mitgliedsausweise, mit sich herum.
- Sie tragen Ihre Börse in Brust- oder Handtasche – problemlos zu finden.

Accessoires setzen Akzente

Mit ein paar ausgesuchten Accessoires können Sie bei der eher zurückhaltenden Business-Kleidung individuelle Akzente setzen. Je nach beruflichem Anlass sollten Sie diese aber nur sehr gezielt einsetzen. Am besten gehen Sie nach dem folgenden Punktesystem vor, das von Imageberatern entwickelt wurde: Als je ein Akzentpunkt zählen alle Details, die als sogenannter »eye catcher« bezeichnet werden können – also alles, was Ihrem Umfeld ins Auge springt:

- jede Farbfläche, also zum Beispiel eine farbige Bluse
- Halstuch oder Schal, auffallende und große Knöpfe

TIPP

Setzen Sie einen Blickfang!

- Um die Aufmerksamkeit auf Ihr Gesicht zu lenken, setzten Sie immer einen Akzent oberhalb der Taille. Solch ein Blickfang kann ein besonderes Schmuckstück sein, ein Tuch oder auch ein besonderes Muster an Ihrem Oberteil. Probieren Sie aus, ob Ihr Blickfang seine Wirkung tut: Stellen Sie sich vor einen Spiegel, in dem Sie sich komplett sehen können. Treten Sie einige Schritte zurück, schließen Sie kurz die Augen. Wenn Sie die Augen wieder öffnen: Worauf fällt Ihr Blick als Erstes? Wenn Sie erst »suchen« müssen, haben Sie entweder keinen eye catcher gesetzt oder das Gegenteil ist der Fall: Sie haben zu viel Unterschiedliches an sich, das den Blick einfängt.

- Gürtel aus ungewöhnlichem Material oder einer extravaganten Schließe
- Nagellack, der nicht lediglich farblos oder hautfarben ist
- außergewöhnliche Schmuckstücke oder eine extravagante Brille
- farbige Lederhandschuhe oder eine besondere Handtasche

Für Ihre Business-Kleidung suchen Sie sich am besten etwa fünf Akzentpunkte aus: Tragen Sie mehr, wirkt das übertrieben und nicht mehr business-like. Sind es dagegen weniger Akzente, wirken Sie möglicherweise langweilig.

Dabei ist Schmuck für Frauen ein besonders wichtiges Accessoire: Allerdings zeugt es nicht von Geschmack, zu viele Teile zu tragen. Einige wenige, dafür hochwertige Stücke wie Perlenkette, Ohrringe, Ehering und eine edle Uhr sind ausreichend. Wählen Sie die Einzelstücke sorgfältig aus, sodass sie sowohl zueinander als auch zu Ihrem Gesamtoutfit passen. Achten Sie auch darauf, dass Ihr Schmuck Ihre Position im Unternehmen unterstreicht – also Finger weg von Modeschmuck und Imitaten!

Tücher sind großartige Accessoires – damit können Sie Ihr Outfit perfekt komplettieren. Kleine Tücher knoten Sie schlicht um den Hals. In der zu Ihnen und Ihrer Garderobe passenden Farbe lenkt es den Blick Ihres Gegenübers auf Ihr Gesicht. Schultertücher werden mit einer Brosche befestigt, damit sie nicht ständig an Ihnen herunterrutschen. Und kleine Minitüchlein zum Einstecken geben nicht nur einem Männeranzug den letzten Schliff!

Do's und Don'ts für die Business-Frau

1. Kleiden Sie sich weiblich, aber nicht so feminin, dass Sie mehr Interesse am »Hübschaussehen« vermitteln als an der Arbeit.
2. Achtung bei Hosen, die ein »männliches« Image vermitteln. Edel wirken Hosen, wenn sie Teil eines Damenanzugs sind. Keine Männerkleidung, also Anzug und Krawatte – damit würden Sie sich lächerlich machen.
3. Verzichten Sie auf Freizeitkleidung wie Miniröcke, Shorts oder Sporthosen.
4. Achten Sie bei Ihrem Oberteil darauf, dass der Ausschnitt dezent ist. Ein sehr weit ausgeschnittenes Dekolleté ist ebenso unangebracht wie ärmellose, transparente und bauchfreie Oberteile, Spaghetti-Träger und Neckholder.
5. Strümpfe oder Strumpfhosen sollten Sie immer tragen – auch bei 30 Grad im Schatten! Und immer mit rasierten Beinen! Wählen Sie glatte, transparente Strümpfe ohne Naht und Muster in dezenten Farben, die zu Ihrer Kleidung passen. Helle und hautfarbene Strümpfe bitte nur im Sommer und schwarze Strümpfe bitte nur zu schwarzer Kleidung. Vorsicht bei blickdichten Strümpfen – sie wirken eher sportlich. Für den Fall, dass Sie Hosen tragen: keine weißen oder bunten Socken! Und niemals Socken oder Kniestrümpfe zu Röcken!

6 Vermeiden Sie zu enge Kleidung! Wer aussieht wie »die Wurst in der Pelle«, wirkt nicht überzeugend. Keinesfalls darf sich Ihre Unterwäsche abzeichnen – welches Modell Sie darunter tragen, sollte Ihr Geheimnis bleiben!

7 Mit Verspieltem sind Sie besser vorsichtig und kombinieren es nur als Einzelstück. Auch zu weite und leger fallende Kleidung hat im Job nichts zu suchen. Ebenso Stoffe mit auffallenden Mustern oder Verzierungen, wie etwa mit Raubtieremblemen oder Glitzersteinen.

8 Accessoires sind außerordentlich wichtig: Tragen Sie schlichte Ohrclips, die nicht baumeln, sondern Ihr Ohrläppchen betonen. Das wirkt elegant. Überladen Sie sich nicht – weder mit klimpernden Armreifen noch vielen Ringen.

9 Schlichte klassische Pumps oder flache Lederschuhe in einer Neutralfarbe sind nach wie vor der perfekte Karriereschuh. Auf jeden Fall tragen Sie immer gepflegte, geschlossene Schuhe!

10 Neben der Tasche für den Laptop oder einem Aktenkoffer können Sie noch eine Handtasche für Ihre persönlichen Dinge verwenden. Diese sollte schick und schlicht, aber keinesfalls allzu modisch sein.

11 Dezentes Make-up ist ein Muss! Optimal aufgetragen ist es, wenn Sie nicht »angemalt« wirken, aber auch nicht »nackt«. Rouge, Mascara und Lippenstift sind Pflicht! Wählen Sie Farben, die zu Ihrem Typ passen (→ »Finden Sie Ihr Image!«, Seiten 50–53). Auf keinen Fall zu viel Make-up, womöglich noch mit einem knallroten Lippenstift oder Lidschatten in einem aufdringlichen Farbton kombiniert! Überprüfen Sie während des Tages immer mal wieder, ob Sie sich nachschminken müssen – vor allem an heißen Sommertagen!

12 Wählen Sie einen unaufdringlichen Duft: am Tag lieber ein leichtes Eau de Toilette, für ein gesellschaftliches Ereignis am Abend darf es auch Parfum sein.

13 Legen Sie sich am besten eine schicke, aber pflegeleichte Frisur zu! Langes Haar binden Sie zusammen oder stecken es hoch. Wallelocken oder Fransen wirken eher unseriös, eine herausgewachsene Dauerwelle oder eine vernachlässigte Kurzhaarfrisur sehen sogar ungepflegt aus. Egal, welche Frisur Sie tragen – ein regelmäßiger Schnitt unterstützt Ihr perfektes Outfit!

14 Falls Sie Piercings und Tätowierungen haben sollten: Entfernen Sie alle sichtbaren Piercings – vor allem im Gesicht! – und kleiden Sie sich so, dass Tätowierungen von Ihrer Kleidung verdeckt werden.

15 Ungepflegte Hände und Fingernägel sowie abgenagte, grell lackierte oder mit Strassapplikation versehene, überlange Nägel passen nicht zu Kostüm und Klasse. Kurz bis mittellang und dezent lackiert – so zeigen Sie Stil!

16 Falls Sie wenig Geld für Ihr Outfit zur Verfügung haben – stilvolle Kleidung aus guten Materialien zu erschwinglichen Preisen erhalten sie in sogenannten Outlet-Stores. Bei guter Pflege können Sie diese Garderobe über Jahre tragen.

Das klassische Business-Outfit für den Herrn

Für den Geschäftsmann gilt natürlich ebenso wie für die Managerin: Kleiden Sie sich so, dass Sie sich wohlfühlen und sich gut bewegen können. Ver-kleiden Sie sich nicht, aber kommen Sie auch nicht zu lässig daher. Männer müssen Sie sich im Geschäftsleben immer noch einem strengeren Dresscode unterwerfen als Frauen. Für sie gibt es weniger Möglichkeiten, einen ganz persönlichen und dennoch korrekten Stil zu finden. Umso wichtiger ist es, Charakter und Geschmack in kleinen, aber feinen Details auszudrücken. Als Basis wählen Sie am besten den klassischen Anzug – wenn Sie mögen, mit der zu Hose und Jacke passenden Weste. Damit sind Sie immer perfekt gekleidet und grundsätzlich für jede Situation im Job gerüstet.

Der Anzug sitzt perfekt

Bei Anzügen haben Sie die Auswahl zwischen dem klassischen Einreiher mit zwei oder drei Knöpfen und dem Zweireiher mit sechs Knöpfen. Achtung: Beim Zweireiher dient das oberste Paar immer nur der Zierde und wird nicht geschlossen! Anzugjacken gibt es ohne Schlitz, mit einem hinteren Schlitz oder mit zwei Schlitzen – diese sitzen dann an den beiden Seiten. Beim Einreiher sind alle drei Formen denkbar, den Zweireiher hingegen gibt es nur mit zwei Seitenschlitzen oder ohne Schlitz. Am besten lassen Sie sich beim Kauf Ihres Anzugs von einem Herrenausstatter fachkundig beraten, damit Sie die für Ihre Figur optimale Passform finden. Ein professioneller Berater kann Ihnen bereits mit einem Blick auf Ihre Statur die Suche nach einem gut sitzenden Anzug vereinfachen. So sagt zum Beispiel seine Erfahrung, dass Anzugjacken mit lediglich einem Schlitz unvorteilhaft sind für Männer, die keinen flachen Po haben.

Ihre Anzughose sitzt richtig, wenn sie ohne Gürtel nicht rutscht. Dennoch gehört der Gürtel zu einem perfekten Outfit selbstverständlich immer dazu! Die Bügelfalte der Hose sollte über die Mitte des Knies laufen und den Schuh in zwei Hälften »teilen«. Aufschläge helfen durch das erhöhte Gewicht – da der Stoff hier in mehreren Lagen verarbeitet wird –, die Hose auf den Schuhen aufsitzen zu lassen. Ihre Hose bedeckt zwei Drittel der Schuhe und ist damit lang genug, um auch beim Gehen ständig in Kontakt mit den Schuhen zu bleiben. Und wie jedes Detail eines klassischen Schnittes sollten die Aufschläge weder zu schmal noch zu breit sein, damit sie nicht auffallen.

INFO

Wie und wann schließen Sie das Jackett?

Solange Sie sitzen, dürfen Sie Ihr Jackett offen lassen. Sobald Sie aufstehen oder jemanden begrüßen, schließen Sie das Sakko. Mit dieser Geste bringen Sie Ihrem Gesprächspartner Respekt entgegen. Man unterscheidet mehrere Sakko-Formen:

→ Beim Drei-Knopf-Sakko tragen Sie traditionell die beiden oberen Knöpfe geschlossen und den untersten offen. Möchten Sie lockerer auftreten, dann können Sie auch den oberen Knopf öffnen. Als absolutes No-go gilt es, nur den obersten Knopf zu schließen. Zweireiher bleiben grundsätzlich geschlossen.
→ Wenn Sie ein Jackett mit zwei Knöpfen tragen, schließen Sie den oberen Knopf.
→ Beim Jackett mit vier Knöpfen schließen Sie die drei oberen Knöpfe.
→ Jacketts mit fünf Knöpfen werden bis auf den untersten Knopf komplett geschlossen.

Allerdings finden Sie einreihige Jacketts mit mehr als drei Knöpfen sowieso nur äußerst selten in der klassischen westlichen Herrenmode.

Gewusst wie: die richtige Passform

Ihr Anzug passt Ihnen, wenn der Kragen am Hals anliegt und das Hemd etwa einen Zentimeter darüber hinausragt. Die Ärmel haben die richtige Länge, wenn das Sakko knapp über dem Handrücken, etwa an der Daumenwurzel, endet und die Hemdmanschette noch etwa einen Zentimeter herausschaut. Ist das alles nicht der Fall, sind Sie nicht perfekt gekleidet. Die am Jackettärmel sichtbare Hemdmanschette ist übrigens auch der Grund, warum kurze Hemdärmel zum Anzug im Grunde tabu sind. Selbst wenn dies an heißen Sommertagen und in manchen Firmen locker gehandhabt wird.

Sie haben ein Sakko nach Ihrem Geschmack gefunden, das leider etwas zu lang ist? Selbst wenn der Verkäufer es sofort eilfertig anbietet: Lassen Sie eine Anzugjacke niemals kürzen! Oft wirkt das Jackett dann unproportioniert, da die Taschen nicht mehr auf der richtigen Höhe sitzen und vielleicht auch Ärmellänge und Gesamtlänge des Jacketts nicht mehr harmonieren. Ein guter Herrenausstatter wird Ihnen eine Änderung übrigens gar nicht erst anbieten, sondern lieber nach dem für Sie perfekten Jackett suchen. Achten Sie auch immer darauf, ob beim Tragen das Revers aufsteht oder der Rückenbereich Falten wirft. Auch dann passt die Jacke nicht optimal – und Sie sollten lieber noch etwas Zeit in die Suche investieren, bis Sie ein gut sitzendes Sakko gefunden haben.

Farben und Dessin

Es kommt auf Ihren Beruf an: Wer oft klassisch gekleidet sein muss – und das ist in einer leitenden Position stets der Fall –, braucht mehr Anzüge als jemand, der nur hin und wieder offiziell auftritt. Wenn Sie also täglich im Anzug erscheinen müssen, sollten Sie jedem Stück nach dem Tragen mindestens einen Tag Ruhe gönnen: Auf einem guten Kleiderbügel – am besten aus Zedernholz – kann sich der Stoff »aushängen«.

Anzüge in Dunkelblau oder -grau wie auch in Schwarz – eventuell mit einem feinen Nadelstreifen – sind im Berufsleben immer die richtige Wahl. Vorsicht mit sehr hellen und farbenfrohen Anzügen sowie solchen mit großen Mustern: Psychologisch gesehen strahlt man mit dunklen Farben mehr Kompetenz aus. Kombinationen wirken für den Job meist zu sportlich, daher sollten Sie in einer leitenden Position darauf verzichten.

Zu betriebsinternen Anlässen jedoch ist eine Kombination tragbar. Das heißt: Sakko und Hose sind verschiedenfarbig beziehungsweise die Hose ist uni, das Jackett kann gemustert sein. Unterschiedliche Materialien sind dabei erlaubt. Sie sollten lediglich auf eines achten: Wählen Sie die Farben so, dass sie von oben nach unten dunkler werden. Denn damit lenken Sie den Blick Ihres Gesprächspartners auf Ihr Gesicht.

Welches Hemd ist das richtige?

Beim Kauf eines Hemdes ist es vor allem wichtig, auf Qualität und Passform zu achten: Das Hemd darf weder über der Brust noch am Bauch spannen und am Kragen weder zu eng noch zu weit sein. Ein hochwertiges Stück erkennen Sie daran, dass die Knöpfe statt aus Kunststoff aus Perlmutt sind.

Weiß ist noch immer die klassische Farbe unter den Herrenhemden. Sind Sie ein eher hellhäutiger Typ? Dann wählen Sie ruhig eine andere Farbe, in Weiß wirken Sie möglicherweise etwas blass. Wichtig ist, dass Sie Ihren natürlichen Hautton unterstreichen (→ »Entdecken Sie Ihre persönlichen Farben«, Seite 57). Im Business »erlaubt« sind Hellblau und Rosa als Hemdenfarbe: Beide passen zu sehr vielen Hauttypen und lassen sich gut mit vielen Krawattenfarben kombinieren. Achten Sie darauf, dass Sie keinen zu intensiven Roséton auswählen, denn das wäre nicht optimal zum klassischen Business-Anzug.

Wie sieht es beim Business-Hemd mit Streifen und Karos aus? Ein weißes Hemd mit blauen oder grauen Streifen ist am Tag korrekt, für eine Abendveranstaltung aber nicht das Richtige. Und Karohemden werden in konservativen Branchen niemals getragen. Ebenso wichtig wie das richtige Hemd ist die passende Krawatte – eines der wenigen Utensilien, mit denen der Mann seinen persönlichen

Stil im Business-Look unterstreichen kann. Krawatten eignen sich dazu besonders gut, da das breite Angebot bei den Langbindern jeden noch so ausgefeilten Geschmack und Stil bedienen kann.

Kragenformen gibt es viele ...

... doch jeder hat seine Besonderheiten. Und die sollten Sie kennen:

1. Der Kent-Kragen ist die klassische, einfache Kragenform, ursprünglich vom englischen Herzog von Kent populär gemacht. Auffallend sind die Kragenecken, die einen rechten Winkel zueinander bilden. Dadurch können zu diesem Kragen alle verschiedenen Krawattenknoten ohne Problem gebunden werden.
2. Der Haifisch-Kragen ist der moderne Kragen des klassischen Business-Hemds. Seine Ecken sind länger als beim klassischen Kent-Kragen und spitz oder leicht abgerundet. Ihr Abstand lässt genug Platz für einen größeren Krawattenknoten.
3. Der Tab-Kragen verspricht einen garantiert korrekten Sitz der Krawatte. Die Kragenschenkel werden unter dem Knoten durch einen Stoffriegel mit Druckknopf gehalten.
4. Der Button-Down-Kragen ist sehr beliebt, aber beim hochoffiziellen Herren-Outfit tabu. Bei diesem eher sportlichen Kragen sind die Spitzen mit einem Knopfloch ausgestattet und werden an das Vorderteil des Hemdes geknöpft. Er kann mit und ohne Krawatte getragen werden.
5. Beim Pin-Kragen werden – statt durch einen Stoffsteg wie beim Tab-Kragen – die Kragenspitzen mit einer Stange (stilecht mit Ösen), ansonsten mit einer goldenen Sicherheitsnadel (ohne Ösen) zusammengehalten. Sie können diese Kragenform nutzen, um einen Akzent zu setzen, denn Sie werden sicherlich damit auffallen. Allerdings ist der Pin-Kragen weniger für das Büro geeignet. Versuchen Sie ihn doch mal bei einer Abendveranstaltung.

TIPP

Krawatte ja – aber wie?

Beachten Sie bei Krawatten:

→ Farbe: Dunkle Farben wirken bei Krawatten seriöser als helle Töne.

→ Sitz: Tragen Sie den Knoten nah am (geschlossenen) Kragen, nach vorn gewölbt. Idealerweise hängt das breite Ende auf Höhe der Gürtelschnalle.

→ Kombination mit einem Einstecktuch: Tragen Sie nie beides aus demselben Stoff oder demselben Dessin.

→ Flecken: Beheben Sie sie nicht in der Öffentlichkeit, etwa beim Geschäftsessen, sondern ignorieren Sie die Flecken, bis Sie nach Hause kommen. Für einen solchen Notfall haben Sie am besten stets eine neutrale Krawatte dabei, die sich mit allen Ihren Anzügen kombinieren lässt.

INFO

Welche Krawatte tragen Sie wozu?

→ Die Krawatte unterstreicht Ihren ganz persönlichen Stil. Sie haben eine große Bandbreite – von klassisch-dezenten Farbkombinationen und zeitlos eleganten Mustern bis hin zu frischen Modefarben. Sie wählen Ihre Krawatte immer dann kontrastreich in Farbe und Muster, wenn Sie Anzug und Hemd einfarbig tragen. Haben Sie sich dagegen für einen gemusterten Anzug entschieden, sollte Ihre Krawatte einfarbig sein und eine Farbe des Anzugs aufnehmen.
Die Auswahl an Krawatten scheint auf den ersten Blick endlos, bei genauerem Hinsehen kann man aber Grundmuster erkennen, in die sich jedes Dessin mühelos einordnen lässt. Jedes dieser Grundmuster hat eine bestimmte Aussage, so wie auch jede Farbe eine modische Botschaft enthält. Wer seine Krawatte danach wählt, kann sie zu seinem Markenzeichen machen.

Einfarbig:
Uni-Krawatten finden Sie in fast allen Schattierungen – von heiter bis gedeckt. Ob Sie lieber zur changierenden Krawatte greifen oder zum eingewebten Muster, ist Ihrem Geschmack überlassen. In jedem Fall erleichtert der Uni-Binder das Kombinieren mit Hemd und Anzug. Das heißt nicht, dass einfarbige Krawatten ein unsicheres Händchen für Mode verraten, im Gegenteil.
→ Der Dresscode sagt: im Büro unifarben, am besten in Marineblau oder Weinrot.

Punkte:
Punkte sind das Standardmuster und von groß bis klein zu finden. Faustregel: je kleiner der Punkt, desto klassischer. Typische Farbstellungen sind weiße Punkte auf Dunkelblau oder Rot, im Sommer auch kleine weiße Tupfen auf Pink oder Hellgelb.
→ Der Dresscode sagt: im Büro am besten in Dunkelblau oder Schwarz mit weißen Tupfen.

Gestreift:
Bei Streifen haben Sie eine riesige Bandbreite an Möglichkeiten: von frei kombinierten Farben bis hin zu unveränderlichen Farbkombinationen, von einer Farbe vor Uni-Hintergrund bis hin zu Multikolorstreifen. Gestreifte Krawatten erlauben selbst dem eher konservativ gekleideten Mann, durch leuchtende oder auch mal gewagte Farbzusammenstellungen Profil zu zeigen.
→ Der Dresscode sagt: Im Büro sollten Sie bei wichtigen Meetings eher gedeckte Farbkombinationen wählen. Bei Geschäftsbesuchen in Großbritannien verzichten Sie besser ganz darauf, denn dort zeigt der Herr durch die Streifen seiner Krawatte an, welche Schule er besucht beziehungsweise in welchem Regiment er gedient hat.

Paisley:
Dieses Muster ist in England sehr verbreitet, in Deutschland findet man es eher selten. Zum Sportsakko passen Paisleys in kräftigen Braun-, Grün- oder Gelbtönen.
→ Der Dresscode sagt: im Büro nur in dezenten Dessins in Weinrot oder Dunkelblau.

Allover:

Darunter versteht man gleichmäßig verteilte Mikro-Motive, Ton in Ton gehalten oder in einer Kontrastfarbe: kleine geometrische Formen, Tier- oder Pflanzenfiguren. Meist wirken Allover-Muster ein wenig unruhig, manchmal sogar aufdringlich. Hier kommt es allein darauf an, was im Miniaturformat zu sehen ist, damit die Krawatte nicht stillos wirkt.

→ Der Dresscode sagt: im Büro möglichst auf dunkelblauem oder weinrotem Fond.

Geometrische Muster:

Sie sind gleichmäßig über die Krawatte verteilt und wirken regelrecht plastisch. Stilvoll sind Muster, die auf den ersten Blick dezent aussehen und nur aus nächster Nähe ihre Raffinesse verraten.

→ Der Dresscode sagt: im Büro nur dezent einsetzen.

Karos:

Dieses Muster gibt es in unzähligen Variationen. In Großbritannien sind solche Krawatten im Business ein Fauxpas; sie gehören ausschließlich aufs Land. In Deutschland signalisiert eine schottisch karierte Krawatte dagegen Sinn für Individualität. Sofern Sie eher von kleiner und kräftiger Statur sind, sollten die Karos allerdings besser klein ausfallen.

→ Der Dresscode sagt: im Büro nur in »leisen« Farbzusammenstellungen – wenige und dezente Farben und eher zurückhaltende Karomuster.

Glencheck und Pepita:

Beide Muster gibt es nicht nur auf Ihrem Anzugstoff, sondern auch auf Krawatten. Beim Glencheck-Muster verlaufen feine Streifen in Karos, Pepita ist ein kleines Muster, bei dem die Karos diagonal miteinander verbunden sind. Beide sind zwar Klassiker, wirken aber eher unruhig und passen – wenn überhaupt! – nur zu einfarbigen Hemden und großgemusterten Anzugstoffen. Ein klassisches Beispiel ist die silbrig-graue Glencheck-Krawatte zum weißen Hemd und dunkelgrauen Kammgarnstoff mit Nadelstreifen.

→ Der Dresscode sagt: im Büro nur mit blauem, weinrotem oder silbrig-grauem Fond und kleinem Dessin.

Fantasiemuster:

Egal, ob Blumen-Stillleben oder andere fantasievolle Zusammenstellungen – Modedesigner lassen hier alle ihre Talente sprießen.

→ Der Dresscode sagt: niemals Designerkrawatten in konservativen Branchen.

Motiv-Krawatten:

Im Gegensatz zum Allover-Muster dominiert bei der Motivkrawatte ein einziges, großes – oft auch »lustiges« – Bild wie Comicfiguren oder Golfschläger.

→ Der Dresscode sagt: Motiv-Krawatten im Büro sind grundsätzlich tabu!

Schuhe für einen guten Auftritt

Selbst wenn Sie den schicksten Anzug in einem edlen Zwirn tragen – der falsche Schuh macht jedes Outfit zunichte. Doch nicht jeder kann sich es sich leisten, sich ein Paar Maßschuhe anfertigen zu lassen, die perfekt zum Fuß und zum Anzug passen. Erschwinglich sind aber solide schwarze Schnürschuhe, die unbedingt zur Standardausstattung des Geschäftsmannes gehören. Er trägt sie zum schwarzen, grauen und dunkelblauen Business-Anzug. In konservativen Branchen, wie Banken und Versicherungen, in Anwaltskanzleien und traditionsbewussten Geschäftsfeldern, sind sie auf jeden Fall das klassische Muss.

Es gilt noch immer die Schuhregel »no brown in town«, was so viel heißt wie »kein Braun in der Stadt«. Obwohl braune Business-Schuhe, je nach Anlass, Branche und Position, aber inzwischen nicht mehr gänzlich »unmöglich« sind. Ursprünglich kommt das strikte »Verbot« brauner Schuhe aus der britischen Dreiteilung der Garderobe in Stadtkleidung, Landkleidung und festliche Kleidung. Während die Landkleidung das Pendant zur heutigen Freizeitmode war, entsprach die Stadtkleidung in etwa dem, was wir heute als Geschäftskleidung kennen. Als Stadtfarben gelten die klassischen gedeckten Grau- und Blautöne – und dazu gehört in jedem Falle der schwarze Schuh. Generell gilt: Je formeller der Anlass, je höher die Position und je konservativer die Branche, desto weniger ist Braun die richtige Schuhfarbe.

Egal, welche Farbe Sie tragen: Ein Lederschuh zum Schnüren mit glatter Ledersohle, der nicht geklebt, sondern durchgenäht ist, sieht zum klassischen Anzug immer elegant aus. Als Klassiker gilt hier der schwarze »Oxford«: Er hat eine dünne Ledersohle, eine gerade Kappe und eine geschlossene Schnürung.

Der Full-Brogue, auch Budapester genannt, ist ebenfalls ein Klassiker und passt in Schwarz zu Anzügen aller Art. Das Typische an ihm ist das Lochmuster auf der geschwungenen Kappe und an den Seitenflügeln. Auch der »Brogue« eignet sich für Ihr berufliches Outfit: Er ist rahmengenäht mit einem dezenten Lochmuster wie auch der Semi-Brogue, der zusätzlich eine Kappe wie der Oxford hat. Andere Schuhformen, wie beispielsweise Slipper oder Sneakers, dagegen gehören nicht zu einem perfekten Outfit und einem professionellen Auftritt im Berufsleben.

Wer im Job tadellos gekleidet erscheinen möchte, achtet bitte auch auf Folgendes: Die Socken dürfen nicht zu kurz sein, sonst legen Sie im Sitzen Ihr behaartes Männerbein frei. Manager tragen normalerweise einfarbige Kniestrümpfe, ausgewählt in der Farbe des Hosensaums. Eine weitere Stilsünde sind weiße Tennissocken zum edlen Zwirn, die man leider noch immer und manchmal sogar in Vorstandsetagen vorfindet. Achten Sie deshalb immer auch auf solche Details wie Ihre Strümpfe!

Accessoires – das i-Tüpfelchen

Accessoires sind im klassischen Herren-Outfit nicht allzu viele vorgesehen: Gürtel, Manschettenknöpfe, eine Armbanduhr, der Ehering und ein Stofftaschentuch. Beim Gürtel erliegen Sie bitte nicht der Versuchung, den Eindruck Ihres klassischen Anzugs mit einem sportlichen Gürtel, etwa noch mit großer Schnalle, zu verderben. Auch hier sollten Sie dezent bleiben! Und auch Manschettenknöpfe sind nur dann angebracht, wenn sie schlicht-elegant und nicht protzig sind. Das gilt selbstverständlich ebenso für Ihre Uhr: Verzichten Sie auf Billiguhren oder Kopien von hochwertigen Markenuhren und investieren Sie lieber in eine hochwertige Armbanduhr, die Ihr Outfit und Ihre Persönlichkeit sowie Ihre Position unterstreicht.

Do's und Don'ts für den Business-Mann

1. Achten Sie bei Ihrem Anzug auf gedeckte Farben wie Grau oder Anthrazit. Damit Sie nicht in Verlegenheit kommen, Ihre Jacketts hochzukrempeln, wählen Sie im Sommer besser ein Sakko aus leichten Stoffen oder Cool Wool. Und im Winter lassen Sie die Finger von Wollpullovern oder Pullundern unter dem Jackett – selbst wenn es Minusgrade hat! Falls Ihre Hose Gürtelschlaufen besitzt, sollten Sie unbedingt einen Gürtel tragen. Auf Hosenträger sowie auf kurze Hosen verzichten Sie grundsätzlich!
2. Ihr Hemd ist immer frisch gebügelt und weiß, hellblau oder bestenfalls pastellfarben. Keinesfalls sollten Sie ein blaues Hemd mit weißem Kragen oder ein Hemd mit Button-down- oder Tab-Kragen zu einem hochoffiziellen Geschäftsanlass tragen!
3. Die Krawatte darf durchaus ein bisschen Farbe ins Spiel bringen. Achten Sie aber vor allem darauf, dass die Krawatte richtig sitzt – nämlich hinten unter dem Kragen und vorne mit der Spitze auf dem Gürtel (→ »Welche Krawatte tragen Sie wozu?«, Seite 80).
4. Sie tragen gute und vor allem gepflegte Schuhe – am besten Klassiker in Schwarz, denn diese passen gut zu allen Anzügen. Zweifarbiges Schuhwerk, Sandalen, Turnschuhe, Slipper oder gar Stiefeletten sind tabu – ebenso wie schief getretene Absätze (→ »Schuhe für einen guten Auftritt«, Seite 82).
5. Ihre Socken sollten zur Farbe Ihrer Schuhe passen – es kommen also nur schwarz oder dunkelgrau in Frage. Tabu sind weiße, bunte und zu kurze Socken.
6. Als Duft verwenden Sie nur dezentes Rasierwasser, und dies bitte sparsam!
7. Sie sind täglich frisch rasiert oder haben einen gepflegten Bart. Der Dreitagebart wirkt nicht gepflegt, selbst wenn er in manchen Branchen für modisch gehalten

Ohne Worte!

Mit Körpersprache überzeugen

3

→ Der größte Teil aller zwischenmenschlichen Kommunikation läuft ohne Worte ab: über Signale, die unser Körper ständig und unbewusst aussendet. Einige davon können Sie aber auch ganz gezielt einsetzen – und dadurch erfolgreich kommunizieren.
Wenn Sie also im Beruf überzeugen möchten, dann beschäftigen Sie sich auch mit den Gebärden und Gesten der Körpersprache: um den Gesprächspartner besser zu verstehen und auch sich selbst überzeugend zu präsentieren.

Welche Sprache spricht unser Körper?

»Ein Bild sagt mehr als tausend Worte ...« – wer kennt dieses Sprichwort nicht? Wie wahr es ist, belegen Studienergebnisse von Verhaltensforschern und Psychologen: Ob ein Gesprächspartner uns überzeugt und wie seine Botschaft bei uns »ankommt«, hängt weniger von Inhalt und Wortwahl ab als vielmehr von seiner Körpersprache. Für die Überzeugungskraft eines Gesprächs sind nur zu sieben Prozent der Inhalt, zu 38 Prozent die Stimme, aber zu 55 Prozent körperliche Signale wie Mimik, Gestik, die Körperhaltung oder Gebärden ausschlaggebend.

Selbst wenn wir es uns kaum vorstellen können: 93 Prozent der menschlichen Verständigung läuft wortlos ab. Dieses »Sprechen ohne Worte« – mit Hilfe von Lauten sowie mittels Gebärden und unserer Körperhaltung – nennt man nonverbale Kommunikation. Einige Signale der Körpersprache sind uns angeboren und können von uns bereits im Kleinkindalter gedeutet und selbst ausgesendet werden, andere müssen wir erst lernen. Bei beidem spielt das Unterbewusstsein eine wichtige Rolle. Als Kind ahmen wir Erwachsene nach und erlernen so nach und nach unbewusst die einzelnen »Buchstaben« der Körpersprache. Und auch als Erwachsener machen wir eine bestimmte Geste oder Miene nicht unbedingt absichtlich, um etwas Bestimmtes zu erreichen, sondern reagieren in den meisten Fällen auf einen äußeren Reiz, ohne den genauen Grund dafür zu kennen.

Körpersprache – weltweit gültig?

Bei der Erforschung der menschlichen Körpersprache hat sich gezeigt, dass Körpersignale im Großen und Ganzen weltweit auf die gleiche Weise genutzt werden. Natürlich gibt es dabei geringfügige Unterschiede – diese lassen sich am besten mit den Dialekten einer gesprochenen Sprache vergleichen: Zwar wird die deutsche Hochsprache überall im Bundesgebiet verstanden, als eine gemeinsame Basis sozusagen, dennoch gibt es zahlreiche und sehr unterschiedliche Dialekte. Hamburger Platt stößt in Niederbayern auf ebensolches Unverständnis wie die hessische Mundart in Sachsen. Bei der Körpersprache ist es ähnlich: Viele nonverbale Signale sind überall auf der Welt gleich oder werden zumindest sehr ähnlich interpretiert – nur einige wenige unterscheiden sich stark oder haben eine gänzlich konträre Bedeutung. Deshalb: Beschäftigen Sie sich mit den regionalen Feinheiten der Körpersprache, bevor Sie in ein fremdes Land reisen. Damit sichern Sie sich ein gutes Auftreten ohne Fauxpas und Missverständnisse.

INFO

Gibt es globale Basisgefühle?

→ Verhaltenswissenschaftler gehen davon aus, dass Basisgefühle wie Angst, Furcht, Glück, Trauer, Freude, Überraschung und Abscheu bei allen Menschen bestimmte nonverbale Ausdrucksformen hervorrufen. Das Stirnrunzeln beispielsweise gilt in fast allen menschlichen Kulturen als Zeichen für Ärger oder auch Verunsicherung. Ein Lächeln wird weltweit als Sympathiezeichen verstanden. Die Deutung von Signalen, die eine Reaktion auf solch grundlegende Gefühle darstellen, ist universell.

→ Anders ist es mit Körpersignalen, die sich kulturell entwickelt haben und deshalb so missverständlich sind wie die unterschiedlichen Wortsprachen. Sogar eine uns so positiv erscheinende Geste wie der emporgereckte Daumen kann in unterschiedlichen Kulturkreisen etwas völlig anderes, ja sogar das Gegenteil bedeuten. In Australien und Nigeria steht diese Geste als Alternative für den bei uns so berüchtigten »Mittelfinger«, und in Japan symbolisiert man damit lediglich die Zahl Fünf.

→ Ebenfalls interessant ist die weltweit unterschiedliche Bedeutung für Kopfnicken und Kopfschütteln. Bei uns steht Ersteres für Ja und Letzteres für Nein. In Indien, Pakistan oder Bulgarien dagegen wiegt man für Zustimmung den Kopf hin und her – bejaht also mit einem leichten Kopfschütteln. Bei einer Verneinung hingegen neigt man in den arabischen Ländern, in der Türkei oder in Süditalien den Kopf zurück und in Griechenland werden mitunter lediglich die Augenbrauen hochgezogen.

→ In den verschiedenen Kulturen und Gesellschaften hat sich ein jeweils eigenes System von nonverbalen Botschaften – ein eigener Code – entwickelt. Nur wer in diesen Code hineingewachsen ist, kann ihn richtig verstehen und benutzen.

Nonverbale Signale – viel mehr als Worte

Im Volksmund gibt es zahlreiche Redewendungen zur Körpersprache, die wir täglich verwenden: »den Rücken krumm machen« oder »die Hände über dem Kopf zusammenschlagen«. Tatsächlich »hören« wir mehr auf die Sprache des Körpers als wir auch nur im Entferntesten ahnen. Wir tauschen unentwegt nonverbale Botschaften aus – ob wir wollen oder nicht. So auch im beruflichen Miteinander: Die vorgereckte Brust ist ebenso eine Botschaft wie die kleine Veränderung der Sitzhaltung oder die Kopfhaltung. Nonverbale Kommunikation ist die älteste Form der zwischenmenschlichen Verständigung und hat sich seit Beginn der Menschheit in Jahrtausenden entwickelt. Auf diese Weise klären wir untereinander, ob wir uns sympathisch sind und ob wir uns vertrauen können – und das noch heute!

Unsere Körpersprache verrät unsere wirklichen Gefühle – wie uns zumute ist und welche Bedürfnisse wir tatsächlich haben. Nonverbale Botschaften sind meist unbewusst und gerade deshalb so aussagekräftig. Man kann Bodytalk jedoch auch bewusst einsetzen – das ist zunächst etwas ungewohnt, lässt sich aber dadurch erreichen, indem man bestimmte Automatismen einübt. Beispielsweise kann man es sich zur Gewohnheit machen, Eingangstüren etwas kraftvoller zu öffnen als nötig und dadurch einen dynamischen Eindruck zu erwecken.

Unser Körper spricht immer ...

Unser Körper sendet ununterbrochen unbewusste Signale aus. Er »spricht« permanent mit unseren Mitmenschen, egal, wo wir uns befinden: beim Einkauf, im Vorstellungsgespräch oder beim Mittagessen in der Kantine. Bei vielen beruflichen Situationen finden wir fast rituelle Abläufe: zum Beispiel in Meetings oder geschäftlichen Verhandlungen. Solche Gespräche sind nach außen hin eine Suche nach einem Konsens mit möglichst vielen Vorteilen für beide Seiten. Gleichzeitig sind sie aber – vor allem zu Beginn – immer auch ein gegenseitiges Belauern und Beobachten.

Die Körpersprache spielt hierbei eine ganz entscheidende Rolle! Für ein erfolgreiches Auftreten im Job ist eine starke positive Außenwirkung erforderlich. Mit folgenden Mitteln können Sie Ihr Auftreten optimieren:

- Nehmen Sie immer eine aufrechte Körperhaltung ein – auch am Telefon, denn dadurch klingen Sie ganz automatisch souverän.
- Achten Sie auf Ihr Äußeres! Durch ein gepflegtes und perfektes Outfit zeigen Sie Selbstbewusstsein und beeindrucken schon allein durch Ihre Erscheinung.
- Strahlen Sie Energie aus, indem Sie sich vor einem Meeting positiv motivieren. Auch das macht sich in Ihrem Auftreten bemerkbar!

Lernen Sie die Sprache des Körpers kennen!

Alles, was wir aktiv mit unserem Körper tun, nennen wir aktive Körpersprache. Passive Körpersprache dagegen ist das, was wir an anderen Menschen wahrnehmen und auf uns wirkt. Umgangssprachlich versteht man unter passiver Körpersprache aber auch Gesten und Gebärden, die wir »automatisch« tun, ohne darüber nachzudenken. Wenn Ihnen Ihre Eltern von klein auf beigebracht haben, dass Sie sich »gerade halten« sollen, werden Sie dies verinnerlicht haben und nicht mehr bewusst tun müssen, sondern sich automatisch entsprechend halten. Genauso ist es mit anderen Dingen: Sie können es sich zur Aufgabe machen, eine bestimmte Gestik einzuüben. Das erfordert zunächst etwas Aufwand – Sie müssen sich das Ganze ja erst einmal angewöhnen. Wenn Ihnen dies aber gelungen ist, ist die Wirkung dauerhaft und in jeder Situation verlässlich – und Sie brauchen Ihr Verhalten nicht jedes Mal aufs Neue zu kontrollieren. Sondern Sie können sich ganz auf die Situation selbst und ihre Inhalte konzentrieren.

Doch es geht natürlich nicht nur darum, wie Sie selbst auf andere wirken, sondern auch darum, wie Sie Ihre Körpersprache ganz gezielt für bestimmte Zwecke einsetzen können: um einen bislang fremden Menschen, mit dem Sie beruflich oder auch privat zu tun haben, schneller von sich zu überzeugen oder auch – im umgekehrten Fall – besser einschätzen zu können. Nicht nur Personalchefs nutzen solch wichtige Indizien, um sich ein Bild ihres Gegenübers zu machen. Auch für Sie als Bewerber, neuer Kollege oder potenzieller Geschäftspartner kann es hilfreich sein, die »Vokabeln« der nonverbalen Sprache gut zu kennen.

Doch Vorsicht: Das Dechiffrieren von Körpersignalen verlangt viel Übung. Selbst professionelle Trainer sind sich bei ihren Interpretationen nicht immer einig. Eine eindeutige Auslegung ist unter anderem deshalb so schwierig, weil es kulturelle Gegensätze gibt, Unterschiede zwischen Männern und Frauen sowie zwischen Kindern und Erwachsenen. Wenn Sie die wichtigsten Signale der Körpersprache zu deuten wissen, fällt es Ihnen auch leichter, Sie selbst gezielt einzusetzen, und Sie werden glaubhaft und überzeugend auf Ihre Mitmenschen wirken. Denn Worte können immer nur bloße Tatsachen wiedergeben. Erst die Art dieser Wiedergabe – also Ihre Stimmlage, die Geschwindigkeit Ihres Sprechens und die Sprachmelodie, Ihre

TIPP

Sofort gute Laune!

→ Es gibt einen simplen Trick, um innerhalb kürzester Zeit die eigene Laune zu verbessern und damit positive Energie auszustrahlen: Halten Sie einen Stift etwa eine Minute lang mit den Zähnen fest, ohne ihn mit den Lippen zu berühren. Dabei werden die Muskeln in Ihrem Gesicht exakt genauso gebraucht wie bei einem »echten« Lächeln. Das Tolle dabei: Unser Gehirn »antwortet« auf diese Muskelübung mit einer Extraportion Hormonen, die – das ist wissenschaftlich nachgewiesen – tatsächlich Ihre Laune besser machen.

Körperhaltung, Ihre Mimik und Gestik zeigen Ihrem Gegenüber, wie Sie Ihre Worte verstanden wissen wollen. Doch selbst dann ist die Gefahr eines Missverständnisses noch groß. Das weiß jeder: Sogar in einem eingespieltem Team wie in der Partnerschaft oder Familie klappt die Kommunikation, sowohl verbal als auch nonverbal, nicht immer gleich gut. Während Sie solche Missverständnisse im privaten Bereich meist schnell aufklären können, sollte man sie im Job nach Möglichkeit erst gar nicht entstehen lassen. Nonverbale Kommunikation ist für Ihren beruflichen Erfolg (über-)lebenswichtig. Denn so sehr wir auch versuchen, uns zu verstellen oder und neutral zu verhalten:

» Man kann nicht nicht kommunizieren. «

[Paul Watzlawick | *Kommunikationswissenschaftler*]

Damit bringt der Kommunikationsexperte die Sache auf den Punkt. Selbst wenn wir nichts sagen: Unser Körper spricht immer! Mimik, Gestik, Tonfall, Haltung und Gang hinterlassen einen bleibenden Eindruck, sie erzeugen Sympathie und Antipathie – deutlicher als alles, was wir sagen. Dazu zwei Szenen:

1. Ein Mitarbeiter kommt ohne Termin und Anmeldung ins Büro des Chefs, schiebt unaufgefordert Telefon und Tastatur beiseite, um sich auf dessen Tisch Platz für seine Unterlagen zu machen. Der Vorgesetzte beäugt die präsentierten Arbeitsergebnisse aufgrund dieser »Revierverletzung« besonders kritisch. Die Unterlagen mögen noch so gut sein: Erst einmal bekommt der Mitarbeiter »Minuspunkte« für sein Verhalten.
2. Eine Bewerberin schleicht zögerlich ins Zimmer des Personalchefs. Sie sieht ihn nicht an, starrt auf den Boden, knibbelt an der Nagelhaut und spielt nervös mit ihren Unterlagen. Klar, dass ihm vor allem diese Unsicherheiten auffallen und er die Bewerberin für die ausgeschriebene Stelle der Abteilungsleitung eher für ungeeignet hält – selbst wenn ihre fachlichen Fähigkeiten und Referenzen hervorragend sein sollten.

Beide Beispiele zeigen, dass wir andere oft einzig und allein aufgrund von nonverbalen Signalen beurteilen. Diese Erkenntnis sollten Sie für Ihren Job nutzen! Und zwar mit der Maxime, dass Fachwissen zwar unverzichtbar ist, aber derjenige weiterkommt, der sich mit seinem Auftreten gekonnt in Szene zu setzen vermag. Deshalb: Wer seine Karriere voranbringen möchte, sollte auch den Bodytalk anderer verstehen und den eigenen möglichst gut im Griff haben. Wie gut Sie sich mit Körpersprache tatsächlich auskennen, können Sie im nachfolgenden Test überprüfen.

SELBSTTEST

Wie gut verstehen Sie sich auf Körpersprache?

→ Anhand dieses Fragebogens können Sie herausfinden, inwieweit Sie die Körpersprache Ihres Gegenübers bereits einschätzen können. Entscheiden Sie sich bei jeder dargestellten Situation für eine Antwort und vergleichen Sie am Schluss, ob Sie sich jeweils richtig entschieden haben.

1 Sie sitzen mit einem Kunden im Verkaufsgespräch und glauben sich fast am Ziel. Da bemerken Sie, dass er die Hände vor der Brust faltet und sich zurücklehnt. In der Körpersprache heißt das:

A Zustimmung
B Ablehnung
C Unsicherheit, Verkrampfung
D Imponiergehabe

2 Ihr Gesprächspartner streichelt sich das Kinn. In der Körpersprache heißt das:

A Selbstgefälligkeit
B Ungeduld
C Nachdenklichkeit
D Unbehagen

3 Ihr Verhandlungspartner fasst sich immer wieder an die Nase und schiebt seine Brille nach oben. In der Körpersprache heißt das:

A Verlegenheit, Unsicherheit
B Langeweile, Desinteresse
C Interesse, Sympathie
D Erregung

4 Ihr Kunde steht zwar vor Ihnen, wendet aber seinen Oberkörper ab. In der Körpersprache heißt das:

A Abwehr, Verschlossenheit
B Konzentration, Entschlossenheit
C Aufrichtigkeit, Sicherheit
D Langeweile, Pessimismus

5 Ihr Gesprächspartner macht eine »doppelläufige Pistole«: Er legt die Zeigefinger aufeinander und verschränkt die anderen Finger. In der Körpersprache heißt das:

A Unsicherheit
B Aggression, Abwehr
C Zustimmung
D Konzentration

6 Sie bemerken, dass Ihr Gesprächspartner immer wieder einen oder mehrere Finger vor den Mund hält. In der Körpersprache heißt das:

A Abwehr, Lüge
B Zurückhalten von Informationen
C Unsicherheit, Nervosität
D Wut, verhaltener Zorn

7 Sie bemühen sich, Ihren Gesprächspartner zu überzeugen. Er aber sitzt breitbeinig auf seinem Stuhl. In der Körpersprache heißt das:

A Imponiergehabe
X B Rücksichtslosigkeit
C Sicherheit, Interesse
D Ablehnung, Angriff

8 Ihr Gesprächspartner presst immer wieder die Fingerkuppen aneinander, während er spricht. In der Körpersprache heißt das:

A Verlegenheit, Skepsis
B Verkrampfung
C Interesse, Aufmerksamkeit
X D Unterstreichung der Aussagen

9 Ihr Gegenüber sucht während des Gesprächs immer wieder Ihren Blick. In der Körpersprache heißt das:

A Desinteresse
X B Interesse
C Sicherheit
D Unsicherheit

10 Ihr Gegenüber wirft während Ihrer Diskussion immer wieder den Kopf zurück. In der Körpersprache heißt das:

A Sicherheit
B Unsicherheit
C Zustimmung
X D Ablehnung

3

Test-Auswertung

Die richtigen Antworten in der jeweiligen Situation sind folgende:

1 B und C **2** A und C **3** A und D **4** A **5** B
6 B **7** B **8** D **9** B **10** D

Wie viele Situationen haben Sie richtig eingeschätzt?

→ **ALLE ZEHN SITUATIONEN** richtig eingeordnet? Dann sind Sie Profi in Sachen Körpersprache. Werden Sie aber jetzt nicht übermütig: Es kann immer jemanden geben, der seinen Bodytalk noch perfekter beherrscht als Sie und Sie auflaufen lässt.

→ **SIEBEN SITUATIONEN** richtig erkannt? Glückwunsch – aber beschäftigen Sie sich noch ein wenig mehr mit dem Thema Körpersprache. Arbeiten Sie unbedingt auch am eigenen Bodytalk – man kann Sie sonst allzu leicht durchschauen.

→ **WENIGER ALS VIER SITUATIONEN** richtig erklärt? Dann führt kein Weg daran vorbei, dass Sie Ihre Kenntnisse vertiefen. Sonst deuten Sie so manches falsch, weil Sie eindeutige Signale Ihres Chefs und Ihrer Kollegen nicht erkennen!

Irgendwann fällt jede Maske ...

Es ist sehr schwierig – wenn nicht sogar unmöglich – die eigene Körpersprache ständig unter Kontrolle zu haben. Schauspieler und Menschen, die in der Öffentlichkeit stehen, haben es da leichter, weil sie die Signale der nonverbalen Kommunikation gelernt und ganz gezielt trainiert haben. Aber selbst sie können ihren Körper nicht unbegrenzt überwachen. Vor allem in Situationen mit großer Anspannung kann es auch ihnen passieren, dass die Maske fällt und die wahren Emotionen zum Vorschein kommen.

Vor allem Gefühle und Stimmungen, die Ihnen gar nicht bewusst sind, kann Ihr Körper nicht verleugnen. Das gelingt Ihnen nicht einmal dann, wenn Sie um die betreffenden Signale wissen und sich bemühen, diese bewusst zu vermeiden oder eben gezielt einzusetzen. Besonders schwer wird eine »Verstellung«, wenn Ihnen jemand körperlich nahe kommt: Wenn er Ihnen unsympathisch ist, werden Sie Ihre Abneigung nicht verstecken können. Das gilt selbstverständlich genauso für Ihr Umfeld: Früher oder später wird Ihr Gegenüber Ihnen unbewusst verraten, was es wirklich von Ihnen hält ... Achten Sie daher immer auf Ihre Körpersprache und versuchen Sie auch versteckte Signale bei Ihren Mitmenschen zu entdecken, um den gemeinsamen Umgang positiv zu gestalten und sich außerdem vielleicht sogar manches Missverständnis zu ersparen.

Das Spiel mit dem Raum

In unserem täglichen Leben und der zwischenmenschlichen Kommunikation gibt es sogenannte Distanzzonen. Der Anthropologe Edward T. Hall bezeichnet sie in seinem Buch »Die Sprache des Raums« als »proxemics« und unterscheidet dabei vier solcher Zonen:

ÖFFENTLICHE ZONE: In der Öffentlichkeit halten wir normalerweise mindestens eine Distanz von etwa dreieinhalb Metern ein und suchen im Normalfall keinerlei direkten Kontakt. Treffen wir auf einen fremden Menschen, benutzen wir eine förmliche Sprache. So verhalten wir uns in der Regel bei allen Personen, denen wir ausdrücklich Respekt zollen – etwa dem Inhaber eines öffentlichen Amtes, wie dem Bundespräsidenten oder Bundeskanzler, einem hohen Geistlichen oder auch einer Berühmtheit aus Sport, Film und Fernsehen.

SOZIALE ZONE: Einen Abstand von etwa dreieinhalb bis eineinhalb Metern halten wir in Bereichen wie dem Berufsleben zu anderen Menschen ein: wenn Sie beispielsweise mit Ihrem Vorgesetzten sprechen oder wenn Sie einen Geschäftspartner und Kunden zum ersten Mal treffen.

PERSÖNLICHE ZONE: Diese Zone umfasst eine Distanz von eineinhalb Metern bis 35 Zentimetern: Im Meeting, bei einem Kundengespräch und selbst wenn wir einen guten Bekannten treffen, halten wir diesen Abstand ein. In dieser Zone beginnen wir die meisten Kontakte und finden nähere Beziehungen statt – zwischen Kollegen und engen Mitarbeitern, guten Kunden und nahestehenden Geschäftspartnern. Ihr Gegenüber ist Ihnen nahe, sozusagen greifbar, dennoch verhalten Sie sich beide förmlich und kommen sich nicht zu nahe.

INTIME ZONE: In die »intime Zone« von weniger als 35 Zentimetern einzudringen, ist nur Menschen im Privatleben erlaubt: Liebespartnern, Eltern, Kindern und manchmal engen Freunden.

Freiräume und Spielregeln

Auch in der nonverbalen Kommunikation spielen körperliche Freiräume eine wichtige Rolle: Sie variieren je nach Situation und Art des zwischenmenschlichen Kontakts. Werden diese Freiräume verletzt, zeigt der Betroffene in jedem Fall eine Reaktion: Wenn er sich vielleicht auch nicht verbal mitteilt – seine Körpersprache ist sicher eindeutig …

Es gibt allerdings auch Gelegenheiten, in denen sich diese körperlichen Freiräume verschieben oder aufgehoben sind: zum Beispiel im Fahrstuhl (→ Seite 100), in Waschräumen oder beim Betriebssport. An diesen Orten ist oft auch die Firmenhierarchie außer Kraft gesetzt oder es gelten bestimmte Regeln nicht mehr.

Anders ist es übrigens bei Firmenfesten, Betriebsausflügen oder einer Kneipentour mit dem Chef. Hier müssen die im Job geltenden Regeln zwar nicht so strikt eingehalten werden wie im Alltag, ein paar Grundsätze gibt es allerdings schon: Lassen Sie sich von der entspannten Atmosphäre nicht zu Ausrutschern wie zu viel Alkohol, vorschnellem Duzen oder zu viel Körperkontakt verführen, die Ihnen am nächsten Tag peinlich sein könnten. Da sich solche Fauxpas' oft bei Anlässen ereignen, die nicht rein geschäftlich sind, ist es hilfreich, hier besonders auf den Bodytalk Ihrer Gesprächspartner sowie auf Ihren eigenen zu achten.

Unser Distanzempfinden ist kulturell bedingt

Unser persönliches Distanzempfinden hat sehr viel damit zu tun, wo wir aufgewachsen sind. Die Abstandsregeln variieren nämlich je nach Kulturkreis:
In Europa und auch in Nordamerika sind 1,20 Meter der gesellschaftliche Rahmen, in dem man Kontakte schließt. Kommt uns jemand näher, reagieren wir mit Abwehr. Ganz anders in Ländern, in denen die Menschen auf engstem Raum leben: So wird in Japan der gute Meter als zu weite Entfernung für Verhandlun-

Clevere Tipps von der Benimm-Expertin:

Vorsicht Falle: Ausflüge, Feiern & Co.

»Feste soll man feiern, wie sie fallen«, heißt es so schön. Das gilt auch für die Veranstaltung in der Firma: Wer freut sich nicht darüber, wenn ein anderer einlädt und alles zahlt? Aber denken Sie daran: Betriebsfeiern gehorchen ganz eigenen Gesetzen.

Feiern mit Tücken

Ob Betriebsausflug oder Weihnachtsfeier, Einstandsfest in der Abteilung oder Geburtstagsrunde im Team: Stets ist es so, dass sich Leute miteinander vergnügen, die den Großteil des Jahres im Job-Alltag eher eine Zwangsgemeinschaft bilden und privat meist herzlich wenig miteinander zu tun haben. Wenn dann noch Alkohol im Spiel ist und der Abend lang wird, kann die Situation leicht eskalieren. Nämlich dann, wenn der eine oder andere das ursprüngliche Ziel, die Arbeitskollegen besser kennenzulernen, allzu wörtlich nimmt. Die **scheinbare Aufhebung** aller Hierarchien zu solch einem Anlass ist trügerisch: Denn natürlich bleiben die Unterschiede bestehen. Selbst wenn Ihr Boss Ihnen weinselig das Du anbietet. Oder Sie als Abteilungsleiterin private Unterhaltungen mit Ihren Mitarbeitern führen. Am nächsten Morgen wird jedoch der förmliche Umgang wieder aufgenommen.

Was Sie besser nicht vergessen

Bei aller Partystimmung auf Betriebsfesten, Weihnachtsfeiern und Neujahrsempfängen sollten Sie stets in Erinnerung behalten: Sie stehen unter **ständiger Beobachtung.** Ihr Getränkekonsum wird genauso registriert wie Flirtversuche mit Kollegen. Doch wenn Sie die folgenden Fettnäpfchen vermeiden, überstehen Sie jedes Fest ohne Probleme:

→ **Fehler 1:** zu viel trinken. Wollen Sie nicht über Jahre hinaus Stoff für den üblichen Kollegentratsch bieten, dann sollten Sie eines auf keinen Fall tun: dank Alkoholkonsum die Kontrolle verlieren. Setzen Sie mit dem Alkohol aus, lange bevor Sie seine Wirkung merken.

→ **Fehler 2:** gar nichts trinken. Falls Sie auch sonst nicht alkoholfrei leben, fangen Sie besser nicht gerade auf einer Betriebsfeier damit an.

→ **Fehler 3:** mit Kollegen tratschen. Es gibt sicherlich Mitarbeiter, mit denen Sie besonders gut »können«. Ziehen Sie sich aber nicht in eine Ecke zurück. Solch eine Cliquenbildung ist wenig karriereförderlich ...

→ **Fehler 4:** wahllos duzen. Bieten Sie Untergebenen oder Jüngeren nicht aus einer Sektlaune heraus das »Du« an.

→ **Fehler 5:** dem Chef die Meinung sagen. Selbst wenn Sie Ihren Vorgesetzten plötzlich von einer menschlichen Seite kennenlernen sollten, laden Sie lange angestauten Frust besser nicht ab.

→ **Fehler 6:** Langeweile demonstrieren. Zum Beispiel, indem Sie nur schweigend herumstehen und ständig auf die Uhr schauen.

→ **Fehler 7:** vorfeiern. Sie laufen besser nicht schon mit einem offensichtlichen Schwips auf der Feier ein.

→ **Fehler 8:** miesmachen. Sie haben nicht an allem etwas auszusetzen (falsches Lokal, schreckliche Musik, zu lange Reden, mickriges Büfett).

→ **Fehler 9:** Spaß bremsen. Sie suchen sich nicht eine fröhliche Gruppe von Leuten und schildern ihnen minutiös den Verlauf Ihres stressigen Arbeitstags.

→ **Fehler 10:** zu tief schürfen. Weil Ihnen die Themen bei Tisch zu oberflächlich sind, bringen Sie das Gespräch bitte nicht auf die Hungerhilfe für Afrika.

→ **Fehler 11:** auf die Pirsch gehen. Sie tragen nicht Ihr heißestes Disco-Outfit und eröffnen die Jagd auf attraktive Kollegen beziehungsweise Kolleginnen.

→ **Fehler 12:** sich verweigern. Sie kommen zwar – aber zeigen sich widerwillig und tragen demonstrativ Ihre Hausklamotten.

Nicht umsonst lernen Manager in ihren Führungsseminaren schon frühzeitig, sich von Feiern mit Kollegen tunlichst möglichst rasch und vor allem nüchtern zurückzuziehen. Zu groß ist die Gefahr, hier auf Dauer sein Gesicht oder den Respekt der Mitarbeiter zu verlieren. Übrigens: Wer so auf seinen eigenen Ruf bedacht ist, betrachtet auch das Verhalten anderer mit Argusaugen.

Der Tag danach

Auf Betriebsfeiern sind **Büroetikette** und Hierarchien nicht aufgehoben. Jede Auffälligkeit von Kollegen wird registriert und am nächsten Tag in der Kantine genüsslich diskutiert. Haben Sie sich an alle Benimmtipps gehalten und die Fettnäpfchen umgangen, wird es am Tag nach der Betriebsfeier keinen Katzenjammer geben.

→ Im günstigsten Fall sind Sie Ihrem Chef positiv aufgefallen und haben sich für gesellige Anlässe auch in anderen Kreisen empfohlen. Dann haben Sie einen großen Schritt nach vorne gemacht.

→ Falls Ihnen am nächsten Tag Ihr Verhalten dagegen peinlich ist, sollten Sie offensiv damit umgehen. Entschuldigen Sie sich bei den betreffenden Kollegen, falls Sie einen Fauxpas begangen haben.

Nehmen Sie ein Du wieder zurück, wenn Sie es vorschnell angeboten haben. Das ist besser, als kommentarlos wieder zu siezen. Hat wiederum Ihr Chef mit Ihnen Bruderschaft trinken wollen, dann warten Sie zunächst ab, ob er Sie am nächsten Tag tatsächlich duzt. Falls nicht, siezen Sie ihn wie vor der Betriebsfeier.

Clevere Tipps von der Benimm-Expertin:

Smalltalk: mühelos Kontakte knüpfen

Smalltalk können Sie erlernen wie Kochen oder Stricken. Und es empfiehlt sich auch. Denn ohne die Fähigkeit zum Smalltalk macht kaum jemand **Karriere**. Es gehört einfach dazu, sich intelligent auch über nichtgeschäftliche Dinge unterhalten zu können. Und: Smalltalk öffnet Türen und macht gute Beziehungen im Job erst möglich. Wir alle üben uns tagtäglich viele Male in der Kunst des »kleinen Gesprächs«: sei es mit dem Postboten, in der Mittagspause mit Kollegen und Chefs oder am Telefon mit Kunden und Geschäftspartnern. Smalltalk ist keine sinnlose Dampfplauderei – sondern ein freundliches Gespräch, das Interesse am anderen zeigt. Sie lernen andere Menschen besser kennen und können auch von sich selbst einen guten Eindruck vermitteln. Damit ist die Basis für **gute Kontakte** geschaffen und dadurch wiederum die Grundlage für Erfolg im Beruf – und übrigens auch privat!

Smalltalk bringt langfristigen Erfolg

Sie werden die Situation kennen: Man trifft sich zum ersten Mal mit einem Kunden oder Geschäftspartner, ist unterwegs zum Vorstellungsgespräch oder zum firmeninternen Meeting – und obwohl man sich bestens vorbereitet hat, hat man ein flaues Gefühl im Magen. Weiß man doch nicht, wer einem da gegenübersitzt, wie man das **Eis brechen** soll, wie man eine allzu kühl-sachliche Atmosphäre auftaut. Mit einer kleinen Story – vielleicht einer Pechsträhne mit Ihrem neuen Auto, mit einem witzigen Erlebnis, das man auf dem Weg zum Termin hatte – beeinflussen Sie die Gesprächsatmosphäre positiv. Wenn Sie es schaffen, eine für Sie unter Umständen peinliche Situation mit Selbstironie und **Souveränität** zu schildern, haben Sie die (anerkennenden) Lacher auf Ihrer Seite und wirken sympathisch. Und Sie wecken **Vertrauen:** in Ihre Fähigkeiten, selbst unangenehme Probleme voller Selbstvertrauen und Humor zu lösen. Nichts anderes soll Smalltalk bewirken. Lassen Sie Ihre Gesprächspartner ein wenig in Ihre Karten schauen, zeigen Sie Emotionen und damit etwas von Ihrer Persönlichkeit.

Wie finden Sie Themen für den Smalltalk?

Sie werden es vielleicht lächerlich finden, aber selbst das Gespräch übers Wetter oder die Anreise öffnet Tür und Tor. Wenn Sie mit einem Geschäftspartner wirklich in Kontakt treten wollen, ist der Inhalt Ihrer Unterhaltung eher nebensächlich. Das **»Wie«** ist hier wichtiger als das »Was«. Nicht nur Kommunikationstrainer wissen: »Es gibt kein oberflächliches Gespräch, nur oberflächliche Menschen.«

Übrigens: Der Dichter und Kleriker Giovanni Della Casa (1503–1556) erklärt schon vor Jahrhunderten in seinem Ratgeber »Galateo« sehr treffend, welche Themen für einen Smalltalk geeignet sind: »Man sollte kein zu subtiles oder ausgefallenes Thema wählen, da sonst die meisten nur mit Mühe folgen können.«

Das **Thema Ihres Smalltalks** kann also ganz alltäglich sein: Eine individuelle, auch witzige Bemerkung zur Situation, zur Umgebung oder zum Anlass reicht oft schon aus, um ein Gespräch in Gang zu bringen ...

- → Gehen Sie mit offenen Augen ins Gespräch und suchen Sie Aufhänger aus Ihrer unmittelbaren Umgebung.

- → Schalten Sie Ihre fünf Sinne ein und beschreiben Sie das, was Sie gerade sehen, hören, riechen, fühlen oder schmecken. Beispiel: Reden Sie bei einem Empfang über die gerade servierten Häppchen – selbstverständlich immer nur lobend! Dieses Thema kann Ihr Gegenüber wirklich ganz leicht kommentieren und schon ist ein Smalltalk über Essgewohnheiten, Restaurants und Reisen entstanden.

- → Verfolgen Sie das Zeitgeschehen. Wenn Sie gut informiert sind, können Sie bei den meisten Themen mitreden. Vielleicht nicht unbedingt mit einer fundierten Meinung, aber zumindest mit intelligenten Fragen.

- → Es ist sinnvoll, den eigenen, individuellen Wissenspool regelmäßig zu pflegen. So können Sie zu vielen Themen einen Beitrag leisten – und sind damit stets ein interessanter Gesprächspartner!

- → Lernen Sie zu verknüpfen: Spricht jemand von Paris, so wissen Sie, dass dort im Louvre die Mona Lisa hängt. Solche »Assoziationsketten« kann man mit Freunden, aber auch alleine üben. Die Vorteile liegen auf der Hand: Der Gesprächsstoff geht Ihnen nicht aus, und Sie finden immer neue Anknüpfungspunkte. Und Sie können ein Gespräch steuern. Ist die Konversation etwa bei einem heiklen Thema gelandet, fällt es Ihnen leicht, mit einer geschickt gewählten Assoziation woandershin zu lenken.

- → Passende Themen sind immer: Wetter, Beruf, Familie – aber nicht zu persönlich, aktuelle Ereignisse, Natur und Kultur.

Themen, die Sie besser vermeiden

Manche Themen eignen sich nicht gut zum Smalltalken, weil sie sehr **persönlich** sind und andere Menschen in Ihren Gefühlen verletzen. Versuchen Sie daher folgende Themengebiete so gut es geht zu umschiffen:

- → Sexualität und der menschliche Körper allgemein sind tabu.

- → In Deutschland ist das Thema »Einkommen und Besitz« schwierig. Während in Amerika der Status zeigt, dass jeder es schaffen kann, kommt bei uns oft Neid ins Spiel.

menhang zwischen der seelischen und der körperlichen Lage stellt auch sie fest:

- Wenn wir trauern, sind wir in uns zusammengesunken, die Schultern hängen herab und wir wirken kraftlos und verschlossen.
- Eine offene Haltung im Brust- und Halsbereich signalisiert Furchtlosigkeit und Selbstbewusstsein.
- Wer sich im Gespräch vorbeugt, zeigt Aufmerksamkeit.
- Wer nur auf der Stuhlkante sitzt, gilt als unsicher.

Die Haltung wirkt sich also ganz stark darauf aus, was wir auf andere Menschen ausstrahlen. So bekommt auch der Satz »Halt dich gerade!« – den Sie sicher noch aus Ihrer Kindheit kennen – eine ganz neue Bedeutung. Vielleicht haben Sie damals nicht verstanden, was denn daran so wichtig sein soll oder es war Ihnen einfach zu anstrengend, keinen »krummen Rücken« zu machen. Heute wissen Sie, dass Sie Ihre Haltung gezielt einsetzen können, um eine bestimmte Außenwirkung zu erreichen: Um selbstbewusst zu erscheinen, reckt ein Mann seine Brust. Oder: Eine Frau schlägt die Beine übereinander, weil sie anmutig wirken will. Doch welche Haltung ist überhaupt richtig?

Eine aufrechte Körperhaltung ist selten angeboren, meist erfordert sie eine permanente Anstrengung. Setzen wir uns »bequem« hin, neigen wir zum Lümmeln, zum schiefen Hocken oder zur Rückenlage. Wer sich jedoch gerade hält, hat eine ganz andere Ausstrahlung als ein Mensch, der sich im Sessel fläzt oder sich locker am Türrahmen anlehnt:

- Eine »gute Haltung« bedingt, dass man den Körper etwas anspannt und aufrecht sitzt, geht oder steht. Man erscheint frisch und selbstsicher und schreitet »erhobenen Hauptes« mit dem Blick nach vorne einher.
- Eine »schlechte Haltung« zeigt, dass man sich einer gewissen Faulheit und Laxheit hingibt. Der Körper hat keine Spannung, ist eher gebeugt, die Schultern hängen und der Blick geht meist nach unten zum Boden.
- Falls Sie mit Ihrer Haltung Probleme haben, lassen Sie sich doch im Fitnessstudio Übungen zeigen, mit denen Sie Ihre Haltung verbessern können. Denn eine gute Haltung ist nicht nur aus gesundheitlichen Gründen zum Beispiel für Ihren Rücken wichtig, sondern verleiht eine selbstbewusste und aktive Ausstrahlung. Und wer möchte das nicht?

Schritt für Schritt: was unser Gang verrät

Ähnlich wie die Haltung spiegelt auch der Gang des Menschen seine physische und emotionale Befindlichkeit wider: Versuche haben ergeben, dass wir erkennen, ob die Person, die vor uns läuft, männlich oder weiblich ist, und auch, ob sie fröhlich oder traurig daherkommt. Zwar ist der Bewegungsablauf bei jedem Menschen derselbe, dennoch gehen wir alle unterschiedlich: Der Gang ist ein Instrument, um unsere Stimmungen und Launen, aber auch unsere körperliche Verfassung auszudrücken. Die Länge der Schritte, das Tempo sowie alle Bewegungen des Körpers ergeben ein Gesamtbild, aus dem unsere Mitmenschen ablesen können, wie es um uns bestellt ist:

- Nicht allzu große Menschen machen naturgemäß eher kleine Schritte, manchmal trippeln sie fast. Macht eine kleine Person große Schritte, passt das nicht zu ihrer Statur und kann leicht lächerlich wirken.
- Bei hochgewachsenen Menschen ist es umgekehrt: Sie neigen eher zu langen Schritten. Machen sie dagegen nur kurze Trippelschritte, wirkt das gekünstelt und unecht – vor allem dann, wenn sie es eilig haben.

Man kann diese Gegensätze natürlich bewusst einsetzen: Immer noch gelten große, lange Schritte eher als unweiblich. Deshalb neigen viele Frauen, auch die von größerer Statur, dazu in zierlichen Schritten zu stöckeln, statt ihrer Größe entsprechend auszuschreiten. Am besten Sie probieren selbst einmal aus, wie Ihr Gang wirkt. Lassen Sie sich doch dabei von folgender Übung inspirieren!

ÜBUNG

Stimmungen am Gang erkennen

Falls Sie keinen großen Spiegel zu Hause haben, in dem Sie sich komplett sehen können, machen Sie diese Übung bei geeigneten Lichtverhältnissen am Abend vor der Balkontür oder beim Schaufensterbummel. Variieren Sie Ihren Gang und probieren Sie einmal aus,

- wie Sie fröhlich, voller Optimismus und richtig gut ausgeschlafen in den neuen Tag starten.
- wie Sie selbstbewusst im neuen Kleid stöckeln beziehungsweise im neuen Anzug und Krawatte mit passenden Schuhen auftreten.
- wie Sie einen Raum betreten, in dem sich bereits andere Personen befinden: zum Beispiel den Konferenzraum, um einen Vortrag zu halten.
- wie Sie müde und mit hängenden Schultern nach einem harten Arbeitstag nach Hause zockeln.

Sind Sie zufrieden mit Ihrer Art zu gehen? Oder gefällt Ihnen Ihr Gang nicht und Sie wissen aber nicht, woran dies liegt? Dann achten Sie einmal darauf, ob

- Sie möglichst aufrecht und zielgerichtet voranschreiten.
- Ihre Füße beim Gehen nicht nach innen oder zur Seite, sondern nach vorne gerichtet sind und die Schrittlänge Ihrer Statur entspricht.
- Ihre Arme beim Gehen gleichmäßig in Gegenbewegungen mitschwingen.
- Ihr Gang insgesamt natürlich und nicht angestrengt oder künstlich wirkt.

Wenn Sie sich diese Punkte immer mal wieder ins Gedächtnis rufen und Ihren Gang dann gleich überprüfen – das ist auch bei einem Stadtbummel in der Schaufensterscheibe möglich! –, werden Sie bald ganz automatisch selbstbewusst und dynamisch voranschreiten.

Unsere Hände sprechen Bände ...

Mit unseren Händen können wir greifen, jemand begrüßen, streicheln, schlagen und vieles mehr. Vor allem in südlichen Ländern werden die Hände zudem zur Gestikulierung eingesetzt: Italiener und Spanier, Griechen und Portugiesen betonen fast alle ihre Aussagen mit Händen und Armen. In unseren Breiten ist dies nicht so stark ausgeprägt, aber auch wir lassen die Hände sprechen. Hände sagen übrigens meist die Wahrheit, denn man kann sie nicht ständig unter Kontrolle haben. Wer es versucht, ist schnell durchschaut. Wenn Ihr Gegenüber seine Hände versteckt oder krampfhaft zusammenhält, können Sie beinahe sicher sein: Hier ist Vertrauen fehl am Platz!

INFO

Gesten der Unsicherheit

- Mit den Händen überspielt man manche Unsicherheit. Sie kennen sicher typische Verlegenheitsgesten: Man streicht sich das Haar zurück, zupft an Nase oder Ohr, fasst sich an die Stirn – und teilt dem anderen damit unbewusst mit: »Ich bin gesprächsbereit, ich bleibe am Ball!« Wer sich streichelt – und wenn Sie nur die Daumen aneinanderreiben – bringt zum Ausdruck, dass er selbst gestreichelt werden möchte. Und wer sich selbst vor den Kopf schlägt, sagt damit: »Ich verdiene eine Strafe, weil ich dumm gehandelt habe!«

Gesten vermitteln eindeutige Botschaften

Im Gespräch gilt: Wer überzeugen will, sollte negative Aussagen möglichst vermeiden. Oder solche Äußerungen wenigstens nicht noch durch eine entsprechende Gestik verstärken. Denn sonst entsteht ein stark negativ geprägter Gesamteindruck. Und dieser Eindruck wird nicht mit Ihren Argumenten, sondern mit Ihrer Person verbunden! Deshalb: Bevor Sie damit beginnen, sich in positiver Gestik zu üben, versuchen Sie zunächst, negative Gesten zu umgehen.

→ Alle Gesten, die sich **UNTERHALB DER TAILLE** abspielen, werden als negativ gewertet. Gesten, die sich oberhalb der Taille abspielen, gelten meist als positiv.

→ **HAND-HALS-GESTEN:** Obwohl Sie sich oberhalb der Taille abspielen, wirken diese Gesten immer negativ! Die Hand greift häufig dann zum Hals, wenn sie eigentlich ins Gesicht fassen will, an die Nase oder auf den Mund. Häufig wird dem Sprechenden, während er die Hand hebt, bewusst, dass die Geste ihn verraten könnte. Dann wird schnell noch die Richtung geändert, sodass die Hand zum Hals greift. Das heißt: Der Sprecher will etwas verbergen – er hält zum Beispiel eine Information zurück, möchte Unsicherheiten kaschieren oder – lügt.

→ **OHRLÄPPCHEN ANFASSEN:** Wenn das jemand tut, während Sie reden, ist Vorsicht geboten, denn dies ist eine Bestrafungsgeste. Oft wird sie auch unbewusst eingesetzt, wenn jemand lügt. Sie können nicht davon ausgehen, dass der Zuhörer Ihnen wohlgesonnen ist oder dass Ihre Argumente ihn überzeugt haben.

→ **VERSTECKTE HÄNDE:** In den Hosentaschen oder hinter dem Rücken – sie werden immer als negativ empfunden. Ihr Gegenüber will sich nicht in die Karten schauen lassen und verschanzt sich hinter einer Barriere …

→ **OFFENE HANDFLÄCHEN:** Wenn Ihre Hände zu sehen sind, sollten Sie häufig »öffnende Gesten« benutzen. Sie zeigen, dass der Betreffende offen und ehrlich wirken möchte. Diese Geste setzen Politiker oft ganz bewusst ein – nicht unbedingt jedoch muss sie auf Verstellung oder gar Lüge hindeuten. Forscher haben herausgefunden, dass die Neigung zur Unwahrheit abnimmt, je öfter man diese Geste einbaut. Mit offenen Händen fällt es nämlich schwerer zu lügen – die Koordination von Wort und Geste passt nicht mehr zusammen. Benutzt jedoch ein Höhergestellter diese Geste, ist sie ein Zeichen der Macht und bewirkt, dass Sie seinen Anweisungen gerne folgen. Vorsicht: Wenn umgekehrt Sie Ihrem Vorgesetzten gegenüber die offene Hand zeigen, erweisen Sie ihm keinen Respekt mehr, sondern die Geste bedeutet Angriff.

→ **FAHRIGE HÄNDE:** Ihr Gegenüber verrät damit kleine – oder auch große – Lügen. Wer die Unwahrheit sagt, fährt sich nämlich unbewusst mit der Hand ins Gesicht. So können Sie zum Beispiel einen Aufschneider leicht entlarven. Desmond Morris, Experte für Körpersprache, ist der Ansicht, dass Lügen im Gesicht

INFO

Was körperliche Signale verraten ...

→ Sie möchten sich mit den Details der Körpersprache vertraut machen? Dann hilft Ihnen die folgende Übersicht über die Signale, die gerade im Job häufig zu beobachten sind. Damit Sie bei der Einschätzung Ihres Gegenübers keine falschen Schlüsse ziehen, versuchen Sie am besten möglichst viele körpersprachliche Signale rund um Mimik, Gestik und Körperhaltung wahrzunehmen und gemeinsam zu interpretieren. Denn nur dann ist es möglich, ein stimmiges Gesamtbild zu erhalten, das dem betreffenden Menschen tatsächlich entspricht.
Wenn Sie sich nur auf ein Merkmal versteifen, besteht die Gefahr, dass Sie einem vielleicht situationsabhängigen – und damit sicherlich falschen – Einzeleindruck aufsitzen. Doch um möglichst viele Merkmale erkennen zu können, müssen Sie diese natürlich erst einmal kennen. Deshalb finden Sie hier die wichtigsten Körpersignale:

Gestik

- → Aggression: doppelläufige Pistole – Aneinanderlegen der Zeigefinger, während die restlichen Finger verschränkt und die Daumen auf die Zeigefinger aufgelegt werden, die Zeigefinger sind dabei wie eine Pistole auf das Gegenüber gerichtet
- → Aussage unterstreichen: die Fingerkuppen einer Hand aneinanderpressen
- → Freude, Sicherheit, Zufriedenheit: sich die Hände reiben
- → Interesse: geweitete Pupillen
- → Sicherheit: alle Armbewegungen oberhalb der Taille, Ausnahme: Hand-Hals-Gesten – sie wirken stets negativ
- → Sicherheit, Ablehnung: in der Luft von oben nach unten geführte Schläge, wodurch etwas kleiner gemacht werden soll, als es ist
- → Sicherheit, Entrüstung, Erregung: Hände in die Hüften stemmen
- → Sicherheit, Nachdenklichkeit, Selbstgefälligkeit: das Kinn streicheln; mit den Händen ein Spitzdach nach oben formen
- → Unsicherheit, Ablehnung: mit den Händen ein Spitzdach in Richtung des Gesprächspartners formen
- → Unsicherheit, Nervosität: mit den Fingern trommeln
- → Unsicherheit, Verärgerung: Griff zum Ohrläppchen
- → Unsicherheit, Verkrampfung: die Hände vor der Brust falten
- → Unsicherheit, Verlegenheit: Armbewegungen unterhalb der Taille
- → Unsicherheit, Verlegenheit: sich an die Nase fassen
- → Unsicherheit, Verwirrung, Erregung: die Brille hastig abnehmen

- Unsicherheit, Zeitgewinn: die Brille hochschieben
- Zurückhalten von Informationen: einen oder mehrere Finger auf die Lippen legen

Mimik

- Ablehnung: langes Gesicht – geöffneter Mund bei geschlossenen Lippen und zurückgeschobenem Kinn; verengte Pupillen, aber auch eine gerümpfte Nase sowie das wiederholte ruckartige Zurückwerfen des Kopfes
- Aggression: starrer, fixierender Blick
- Arroganz, Überlegenheit: ein Mundwinkel wird angehoben oder die Augenbrauen werden hochgezogen
- Arroganz, Überlegenheit, Nachdenklichkeit: die Unterlippe wird hochgeschoben
- Desinteresse, Verlegenheit: kein Blickkontakt, stattdessen häufiges Wegsehen
- Erstaunen: den Mund öffnen
- Erstaunen, Skepsis: die Augenbrauen werden angehoben
- Innere Anspannung, Abschottung: zusammengekniffene Lippen
- Interesse: Blickkontakt wird gehalten
- Nachdenklichkeit, Unsicherheit, Verlegenheit: das Gesicht wird verdeckt
- Unsicherheit, Nervosität: auffällig häufiger Lidschlag
- Zweifel, Selbstgefälligkeit: hochgezogene Unterlippe

Körperhaltung

- Ablehnung: körperliches Zurückweichen wie auch das Zurücknehmen des Oberkörpers, das die Distanz vergrößern soll; Blick über die Schulter, wobei der Oberkörper dem Gesprächspartner in der Körperachse nicht zugewendet wird
- Rücksichtslosigkeit: sitzen mit breit auseinanderklaffenden Beinen
- Schüchternheit: beide Füße eng bei einander, die Arme hinter dem Rücken verschränkt oder eine insgesamt »stocksteife« Haltung
- Sicherheit: Öffnen des Jacketts oder auch ein aufrechter, lockerer Stand, bei dem die Füße etwa hüftbreit auseinander stehen
- Unsicherheit: die Füße um die Stuhlbeine geschlungen; ständig in Bewegung sein, kein ruhiger Stand, Herumrutschen auf dem Stuhl; die Hände um die Stuhllehne geklammert oder sich selbst mit den Armen umklammern
- Zustimmung: körperliche Annäherung, sich ganz dem Gesprächspartner zuwenden und sein Verhalten spiegeln

SELBSTTEST

Wirken Sie kompetent?

→ In den folgenden Situationen geht es um Ihr Auftreten im beruflichen Umfeld und Ihren Umgang mit Ihren Kollegen. Entscheiden Sie sich jeweils für eine Antwort und vergleichen Sie anschließend Ihre Antworten mit den Lösungen – dann bekommen Sie einen ersten Eindruck, wie kompetent Ihr Auftreten ist.

Auftreten und nonverbale Kommunikation

1. Hält man Sie für kompetent, wenn Sie stets gepflegt und gut gekleidet sind?
   A Ja, denn man wirkt fachkundig und effizient.
   B Nein, solche Äußerlichkeiten sind im Job unwichtig.
2. Gehen Sie mit ausgestreckter Hand, bereit zum Händeschütteln, auf Ihren Chef zu?
   A Nein, denn in der Firma bestimmt die Hierarchie, wer wem die Hand reicht.
   B Ja, dann sieht er gleich, wie dynamisch und kommunikativ ich bin.
3. Sie sind absolut anderer Meinung als Ihr Geschäftspartner. Suchen Sie dennoch den Blickkontakt mit ihm?
   A Nein, ich kann nicht jemandem in die Augen sehen, mit dem ich einen Konflikt habe.
   B Ja, damit vermittle ich ihm Interesse an seiner Person – trotz Diskrepanzen.
4. Sie tragen einen Bericht vor – wie wirken Sie überzeugend?
   A Ich rede deutlich langsamer als sonst und senke meine Stimme.
   B Ich spreche etwas schneller und lauter als normalerweise.
5. Sie treffen einen Kunden, den Sie nur vom Telefon kennen. Wie nahe kommen Sie ihm?
   A Ich halte die »offizielle« Distanzzone von etwa eineinhalb bis zwei Metern ein.
   B So nahe wie möglich – schließlich haben wir engen geschäftlichen Kontakt.

Umgang mit anderen

6. Ihr Chef teilt Ihnen mit, dass ein wichtiges Projekt geplatzt ist. Als »Trost« lädt er ins Survivalcamp ein. Was berichten Sie den Kollegen bei Ihrer Rückkehr zuerst?
   A Ich berichte erst das Negative – dann ist das Trostpflaster umso imposanter.
   B Ich erzähle erst von der Einladung, dann vom gescheiterten Projekt.
7. Sie sollen gemeinsam mit Ihrer Abteilung neue Arbeitsabläufe entwickeln. Wie überzeugen Sie die Kollegen von Ihren Ideen?
   A Bevor es um Fakten geht, versuche ich ein Teamgefühl als Basis zu schaffen.
   B Ich bereite alle Unterlagen vor und stelle bereits erarbeitete Lösungen vor.

8 **Ihr Projekt war ein Erfolg. Was hören Kollegen und Vorgesetzte darüber von Ihnen?**

A Ich weise nachdrücklich darauf hin, wie schwer diese Aufgabe war.

B Ich erkläre, dass diese Herausforderung Spaß gemacht hat.

9 **Durch Ihr Versäumnis ist ein Projekt in Gefahr. Geben Sie den Fehler zu?**

A Nein. Ganz bestimmt nicht. Im Team sind wir alle verantwortlich.

B Ja, damit vergebe ich mir nichts. Andere müssen meinen Fehler nicht mittragen.

10 **Ein Besucher steht unangemeldet im Sekretariat. Was tun Sie?**

A Ich lasse ihn ein paar Minuten warten, denn auch meine Zeit ist kostbar.

B Ich gehe selbst zur Tür und bitte den Besucher sofort herein.

Präsentation und Meeting

11 **Wie bereiten Sie sich mental auf eine Präsentation vor?**

A Ich habe mein Bestes gegeben – das wird ein Erfolg! Daran glaube ich fest.

B Ich weiß, dass wieder alles schiefgehen wird. Ich kann so etwas einfach nicht richtig.

12 **Im Meeting hat ein Kollege schlecht präsentiert. Was bedeutet das für Ihren Vortrag?**

A Ich bemühe mich besonders und werde von den Zuhörern besser angenommen.

B Da muss ich mich gar nicht anstrengen. Ich werde genauso beurteilt werden.

13 **Sie leiten zum ersten Mal ein Meeting. Wie stellen Sie einen persönlichen Kontakt zu den anderen her?**

A Ich stelle gleich von Anfang an klar, wer das Sagen hat.

B Ich stehe mit allen Teilnehmern in ständigem Blickkontakt und baue keine Barrieren mit Händen oder Armen auf.

14 **Sie haben einen Termin beim Chef wegen Ihrer Gehaltserhöhung. Wie zeigen Sie, dass Sie mehr Geld wert sind?**

A Gut vorbereitet lege ich ihm ausführlich meine Leistungen und Erfolge dar.

B Ich mache ihm klar, dass alles teurer wird und ich seit Jahren dasselbe Gehalt bekomme. Wenn das nicht zieht, erwähne ich den Anruf eines Headhunters ...

15 **Der Betriebsrat hat Sie gebeten, auf der Jahresfeier eine Sammlung für ein Hilfsprojekt durchzuführen. Wann ist der beste Zeitpunkt, Ihre Rede zu halten?**

A Ich will niemandem beim Essen stören. Deshalb spreche ich erst nachher.

B Nach der Vorspeise herrscht immer gute Stimmung – da geben einige gern etwas.

→ Lesen Sie weiter auf der nächsten Seite.

Wirken Sie kompetent?

Smalltalk

16 Ist das Wetter ein passendes Thema für den Smalltalk?

A Nein, wirklich nicht, das ist einfach zu banal.

B Ja, durchaus. Vor allem alltägliche Themen eigenen sich gut für Smalltalk.

17 Beim gemeinsamen Abendessen schwärmt Ihr Gegenüber – ein Großkunde – von einem Schauspieler, den Sie nicht mögen. Was tun Sie?

A Ich tue so, als ob ich auch ein Fan wäre. Schließlich will ich den Kunden halten.

B Ich gebe zu, dass ich mit diesem Schauspieler nicht viel anfangen kann.

18 Ihr Gegenüber ist Rechtsanwalt. Fragen Sie ihn gleich wegen Ihrer Mietstreitigkeiten?

A Nein, bestimmt nicht. Das ist kein Smalltalk-Thema – und wieso sollte Ihr Gesprächspartner Sie außerhalb seiner Kanzlei beraten?

B Ja, natürlich. Das ist doch die Gelegenheit: Er kann mit seinem Wissen glänzen und Sie bekommen kostenlos Rat.

19 Sie stehen im Lift, alle starren zu Boden. Fangen Sie ein Gespräch an?

A Ja, warum nicht. Das lockert die angespannte Atmosphäre im Fahrstuhl ein wenig auf.

B Nein, keine Chance. Ich passe mich den anderen an und blicke ebenfalls zu Boden.

20 Der Geschäftsführer und der neue Kunde sind begeistert von Ihrem abendlichen Outfit. Wie reagieren Sie auf die Komplimente?

A Ich sage nichts, denn auf solche Schleimereien falle ich nicht herein.

B Ich bedanke mich freundlich mit einem Lächeln für das Kompliment.

Test-Auswertung

Die richtigen Antworten sind folgende:
1 A, 2 B, 3 B, 4 B, 5 A, 6 B, 7 A, 8 B, 9 A, 10 B, 11 A,
12 A, 13 B, 14 A, 15 B, 16 B, 17 B, 18 A, 19 A, 20 B

→ Sie haben in jedem Block mindestens **DREI FRAGEN** korrekt beantwortet? Gratulation! Dann sind Sie auf einem guten Weg! Wenn Sie **EIN ODER ZWEI** richtige Antworten haben, besteht noch ein bisschen Nachholbedarf: Arbeiten Sie weiter an Ihren kommunikativen Fähigkeiten, an der Körpersprache wie auch an Ihrer sozialen Kompetenz, um zukünftig in allen beruflichen Situationen kompetent und erfolgreich auftreten zu können.

Kompetenz beweisen Männer und Frauen gleichermaßen über die Körpersprache. Allerdings nicht auf dieselbe Art und Weise: Was bei Männern überzeugend wirkt, kann bei einer Geschäftsfrau einen ganz anderen Eindruck erzielen. Deshalb ist es so wichtig, sich auch mit den geschlechtsspezifischen Unterschieden im Bodytalk zu beschäftigen. Nur dann liegen Sie in Ihren Einschätzungen richtig und senden selbst die richtigen Signale aus.

Bodytalk – bei Frauen anders als bei Männern?

Was uns an Körpersprache nicht bereits angeboren ist, lernen wir von klein auf dazu – ja nachdem welche Gestik und Mimik in unserem Kulturkreis üblich ist. Und kommen damit sogar häufig aus, wenn wir auf jemanden treffen, dessen Sprache uns nicht geläufig ist und dessen Kultur wir nicht kennen: Das Reden mit Händen und Füßen schlägt Brücken – selbst dann, wenn die Gesprächspartner kein Wort ihres Gegenüber verstehen (→ »Körpersprache – weltweit gültig?«, Seite 89).

Neben einer Art Basis-Signale gibt es aber auch unterschiedliche Körpersignale oder verschiedene Interpretationen gleicher Signale in den einzelnen Kulturen. Ähnlich wie mit diesen Unterschieden verhält es sich bei der nonverbalen Verständigung zwischen Mann und Frau: Die meisten Signale sind bei beiden gleich, doch auch hier gibt es Unterschiede, das heißt, dieselben Gesten bedeuten etwas anderes. Sie können das durchaus mit dem Dialekt vergleichen: Gleichlautende Worte bedeuten in Bayern etwas völlig anderes als in Norddeutschland.

Wir wissen meist auf Anhieb und sogar auf große Entfernung, welches Geschlecht eine Person hat: Wir ziehen nämlich Rückschlüsse aus der Haltung, dem Gang wie auch aus der Gestik. Und wir täuschen uns dabei selten. Frauen und Männer unterscheiden sich nicht nur in diesen Merkmalen, sondern auch in den Ausdrucksformen ihrer Hände und Augen. Sie wirken – selbst wenn sie dieselbe Gestik und Mimik anwenden – auf den objektiven Betrachter unterschiedlich.

Manche Unterschiede ergeben sich bereits aus der unterschiedlichen Anatomie. So halten Frauen ihre Arme schon deswegen enger am Körper, weil sie schmalere Schultern haben. Andere Abweichungen ergeben sich aus traditionellen Geschlechterrollen, und oft ist auch beides miteinander verkoppelt. Es ist nützlich, sich diese unterschiedlichen Merkmale bewusst zu machen: Denn dann sind Sie in der Lage, mit Ihren Gesprächspartnern – ob männlich oder weiblich – adäquat umzugehen und gleichzeitig selbst gut anzukommen.

Der kleine Unterschied ist riesig!

Alice Schwarzer behauptete einst, zwischen Männer und Frauen gäbe es nur einen »kleinen Unterschied« – der allerdings habe große Folgen ... Fest steht jedoch, dass wir darauf geeicht sind, gerade das, was uns unterscheidet, besonders wichtig zu nehmen. Typische Gesten und Körperhaltungen dienen aber nicht nur als Wiedererkennungssignal, sondern wirken auch psychologisch.

Das bedeutet: Männer und Frauen empfinden unterschiedlich, weil sie ihre Körper unterschiedlich bewegen. Davon können Sie sich im Selbstversuch überzeugen:

- → Nehmen Sie als Frau einmal die typische Haltung eines Mannes ein: Setzen Sie sich breitbeinig hin, lehnen Sie sich weit zurück und strecken Sie beide Arme über die ganze Sofabreite zur Seite aus. Wie fühlen Sie sich nun? Stark und selbstbewusst? Oder eher ungeschützt, alle Blicke auf sich ziehend? Empfinden Sie das als unangenehm?
- → Nehmen Sie als Mann eine typisch weibliche Haltung ein: Stellen Sie Ihre Füße eng nebeneinander auf den Boden, schließen Sie die Knie und neigen sie leicht zur Seite. Verschränken Sie die Hände im Schoß. Senken Sie den Blick und neigen Sie den Kopf zur Seite. Zeigen Sie ein beschwichtigendes Lächeln. Wie fühlen Sie sich? Bescheiden, diplomatisch und gefühlvoll? Oder klein und ängstlich?

Gerade im Beruf unterscheidet sich die Körpersprache der Männer stark von der der Frauen. Männer sind meist größer als Frauen, haben mehr Masse und verfügen in der Regel über eine lautere Stimme. Frauen haben es da oft schwer, sich aufgrund ihrer kleineren Statur und geringeren physischen Präsenz zu behaupten. Zu den Unterschieden im Körperbau kommt erschwerend hinzu, dass Frauen mit lautem Imponiergehabe nichts am Hut haben, weil es nicht ihrer Natur entspricht. Im Gegenteil: Sie machen sich oft unbewusst kleiner, weil ihnen das passender erscheint – und vermutlich, weil dieses Verhalten jahrtausendelang in unserer Geschichte ihrer typischen Rolle entsprach.

Diese Unterschiede in Körpersprache und Körperhaltung sind ganz offensichtlich ein gravierender Nachteil für Frauen im Berufsleben, vor allem in Situationen, in denen sie im direkten Kontakt mit Männern konkurrieren – im täglichen Meeting wie im Assessment Center. Dennoch: Lassen Sie sich als Frau davon nicht entmutigen! Mit der richtigen Körpersprache wirken Sie diesen Nachteilen entgegen und erreichen eine souveräne und kompetente Ausstrahlung.

Sich als Frau trotz einiger naturgegebener Nachteile im Berufsleben gegen Männer durchzusetzen, ist nicht immer einfach. Doch manche Frauen drehen den Spieß einfach um und nutzen ihre weiblichen Attribute, um beruflich weiterzukommen. Ob Flirt aus Berechnung oder wahre Liebe: Bei einer Liaison im Büro sollten Sie einige Regeln kennen – und vielleicht sogar beherzigen (→ Seite 124 f.).

TIPP

Körpersprache: Training für Frauen

Wenn Sie sich als Frau einmal bewusst machen, dass Sie sich immer mal wieder in »Verlegenheiten« flüchten, ist der erste Schritt getan, um dies zu ändern. Lernen Sie Verhaltensweisen und Gebärden zu vermeiden, die Ihnen Ihre Kompetenz absprechen und Sie ins Hintertreffen manövrieren: übereinandergeschlagene Beine, verschränkte Arme, eingeknickte Hüfte, schräg gehaltener Kopf oder versteckte Hände. Steigern Sie Ihre Präsenz durch eine verbesserte Körpersprache, indem Sie in Zukunft diese Punkte beachten:

→ Nehmen Sie bewusst und zielsicher Ihren Platz ein, wenn Sie zu einem Meeting kommen. Statt die Beine übereinanderzuschlagen, stellen Sie sie beim Sitzen locker nebeneinander, damit »erden« Sie sich. Bei Gesprächen im Stehen verteilen Sie aus dem gleichen Grund das Gewicht gleichmäßig auf beide Beine und knicken dabei nicht hin und wieder in der Hüfte ein.

→ Achten Sie darauf, laut zu sprechen. Die meisten Frauen verwenden nur 70 Prozent ihres Stimmvolumens. Sie sind häufig leiser als Männer und wirken dadurch zurückhaltender – dabei gehört auch die Stimme mit zur Körpersprache. Und spielt vor allem auch beim ersten Eindruck eine ausschlaggebende Rolle!

→ Sprechen Sie langsam! Gerade dann, wenn Sie etwas Entscheidendes sagen, versuchen Sie betont langsam, laut und deutlich zu reden. Frauen neigen dazu, schnell zu sprechen, um alles, was sie sagen möchten, unterzubringen. Möglicherweise deshalb, weil sie von Männern häufig unterbrochen werden.

→ Beugen Sie sich im Sitzen nach vorne, um bei Ihrem Gesprächspartner Interesse und Präsenz zu demonstrieren. Die Unterarme liegen locker auf dem Tisch – Sie verschränken nicht die Arme oder verstecken Ihre Hände.

→ Halten Sie Kopf und Wirbelsäule immer gerade, denn eine gute Haltung vermittelt Selbstbewusstsein.

Wenn Ihnen ein Ereignis bevorsteht, von dem Sie bereits im Vorfeld wissen, dass Sie dabei möglicherweise ins Schleudern geraten könnten, dann bereiten Sie sich rechtzeitig mental darauf vor. Malen Sie sich bildlich aus, welche Situationen sich ergeben könnten und wie Sie diese erfolgreich und souverän meistern. Und das nicht nur in fachlicher Hinsicht, sondern auch, mit welchen Körperhaltungen und welcher Körpersprache Sie überzeugen können. Gut vorbereitet zu sein, gibt Ihnen das Selbstbewusstsein, das Sie vor allem in unangenehmen oder ungewohnten Situationen im Job brauchen.

Clevere Tipps von der Benimm-Expertin:

Der Job als Liebesbörse?

Mehr als ein Drittel unserer Lebenszeit verbringen wir am Arbeitsplatz. Kein Wunder, dass fast jede dritte Ehe hier ihren Anfang findet – von den vielen Flirts und Techtelmechteln, die nicht vor dem Altar enden, einmal abgesehen. Laut Umfrage des Online-Stellenmarktes »Monster« hatte fast die Hälfte der befragten Frauen und Männer in Deutschland bereits eine **Liaison am Arbeitsplatz.**

Vom Kollegen zum Partner

Beziehungen zwischen Chef und Untergebenen wie auch zwischen Mitarbeitern sind in vielen Firmen nicht gern gesehen. Die Firma »Wal-Mart« ging so weit, durch eine sogenannte »Ethik-Richtlinie« das Liebesleben ihrer Angestellten reglementieren zu wollen. Den Angestellten wurde unter anderem untersagt, mit Kollegen auszugehen oder eine Affäre zu beginnen, wenn einer der Beteiligten die Arbeitsinhalte des anderen »beeinflussen« kann. Das geht sicher zu weit. Unbestritten ist jedoch, dass es **problematisch** werden kann, wenn aus Kollegen Liebespartner werden.

Wenn sich aber beide an die Spielregeln der **Fairness** halten, kann eine solche Beziehung durchaus gut gehen. Ja, sogar mehr als das: Wer im Büro gut zusammenarbeitet, kommt in der Regel auch in einer Partnerschaft gut miteinander aus, lautet eine verbreitete Theorie. Und wer eine glückliche Beziehung führt, ist wiederum im Job viel motivierter.

Betriebspsychologen sehen durchaus **positive Aspekte,** die erotische Energie unter Kollegen mit sich bringt: Arbeitsklima, Kommunikation und Teamarbeit verbessern sich, Kreativität und Motivation bekommen einen neuen Schub. Doch Vorsicht: Wenn es schiefgeht, trifft man den Ex-Partner und die möglicherweise hämischen Kollegen weiterhin täglich bei der Arbeit. Das kann dann – besonders für den Verlassenen – zur Qual werden!

Tipps für den Flirt am Arbeitsplatz

Für die Verliebten ist das Ganze äußerst romantisch, für die Kollegen aber eher Anlass zu Klatsch und Tratsch. Beherzigen Sie daher folgende Tipps:

- → Seien Sie diskret! Wenn irgend möglich behalten Sie die Affäre erst einmal für sich. Genießen Sie im Verborgenen – zumindest so lange, bis Sie einschätzen können, ob Sie ein Paar bleiben werden.
- → Erwarten und fordern Sie keine Protektion! Widerstehen Sie der Versuchung, Ihren neuen Flirt zugunsten der eigenen Karriere einzusetzen. Man kann zwar Karrieresprünge aufgrund von Flirts und sexuellen

Beziehungen machen, aber auf Dauer zählen immer eher Leistung, Einsatz und überzeugende Arbeit.

- Seien Sie auf Mobbing gefasst! So mancher Neider revoltiert, manch Abgewiesener entlädt seinen Frust. Meist gibt sich das von alleine wieder, doch ist die Situation völlig verfahren, kann möglicherweise nur noch ein Jobwechsel helfen (→ »Links, die weiterhelfen«, Seite 188).
- Missbrauchen Sie kein Vertrauen! Benutzen Sie die heißen Gefühle nicht dazu, wichtige Informationen über den Job zu erhalten und zu nutzen.
- Seien Sie zurückhaltend! Liebesbeweise vor den Kollegen sind nicht angebracht – allein deshalb, um Klatsch und Tratsch auszuschließen.
- Wahren Sie Distanz! Wenn irgend möglich, fangen Sie keine Affäre in der eigenen Abteilung an. Solange die Liebe gedeiht, kann das einen Energieschub bringen. Aber was, wenn es Beziehungsprobleme gibt?
- Seien Sie vorsichtig beim Flirt zwischen Boss und Mitarbeiter! Hier wird die Macht zum Problem. Denn: Geht es um tatsächliche Zuneigung oder um mögliche Karrierechancen?
- Hände weg von Verheirateten! Konflikte sind hier immer abzusehen. Egal, ob der Betreffende bereits seit Langem vorhat, sich zu trennen oder die Ehe angeblich nur noch auf dem Papier besteht.

Und wenn die Liebe am Ende ist?

Spätestens dann, wenn es kein Happy End gibt, wird es schwierig. Dann ist besondere Fairness angesagt – vor allem, weil man heutzutage nicht einfach schnell den Job wechseln kann, um den **Ex-Partner** nicht mehr täglich sehen zu müssen. Folgende Regeln helfen dabei:

- Oberstes Gebot ist gegenseitige Achtung – sowohl während als auch nach der Trennung. Dabei ist es für beide wichtig, zum ursprünglich neutralen und kollegialen Arbeitsverhältnis zurückzufinden.
- Reduzieren Sie den Kontakt am Arbeitsplatz so weit wie möglich. Wenn es gar nicht anders geht und dies in Ihrer Firma möglich ist, lassen Sie sich versetzen.
- Gespräche über die Trennung oder deren Gründe sollten ausschließlich außerhalb der Arbeitszeit stattfinden!
- Informieren Sie die Kollegen von Ihrer Trennung. Keine Geheimniskrämerei – aber auch keine bedingungslose Offenheit oder das Preisgeben von Details.
- Versuchen Sie nicht, Kollegen auf Ihre Seite zu ziehen, und trennen Sie ganz klar private Angelegenheiten und Job.
- Vermeiden Sie Emotionsausbrüche am Arbeitsplatz: Selbst wenn Sie noch so traurig sind – Ihre Arbeitsleistung darf auf keinen Fall leiden. Besser nehmen Sie ein paar Tage Urlaub, um Abstand zu gewinnen.

4 Klartext reden – souverän kommunizieren

→ Geht es darum, andere zu überzeugen, gilt noch immer das alte Sprichwort: »Der Ton macht die Musik!« Ein guter Redner kennt all jene Tricks und Kniffe, die auch für das berufliche Vorankommen wichtig sind – und die Ihnen selbst bei einem simplen Telefongespräch helfen. Unterschätzen Sie daher nicht die Macht und Wirkung von Stimme und Sprache. Denn wer beides für den beruflichen Auftritt trainiert, für den ist es ein Leichtes, Kunden, Geschäftspartner und Mitarbeiter für sich zu gewinnen.

Wie sprechen Sie?

Wie Körpersprache, Kleidung und Äußeres ist auch die Stimme Ausdruck unserer Persönlichkeit. Auch sie trägt zu einem erfolgreichen Auftreten bei. Mit einer geübten Stimme ergreifen Sie leichter das Wort und überzeugen im persönlichen Gespräch ebenso wie bei einem Vortrag.

Sie ersparen sich außerdem peinliche Situationen, in denen die Stimme wegbleibt, zu leise oder sogar schrill klingt. Vor allem Frauen kennen dieses Problem. Deshalb: Wer seine Stimme, Sprechweise und auch Sprache trainiert, kann sie gezielt für seine Zwecke einsetzen und wird es dadurch im Beruf viel leichter haben voranzukommen.

Doch wie sprechen Sie? Wie kommt das von Ihnen Gesagte bei Ihren Zuhörern an? Vielleicht erinnern Sie sich noch daran, was Ihre Lehrer beim Vorlesen wiederholt bemängelt haben? Wahrscheinlich immer dieselben Fehler: undeutliche Aussprache, zu schnelles, zu leises oder monotones Lesen. Genau diese Punkte sind es, auf die Sie auch heute achten sollten. Selbst wenn Sie keinen Vortrag halten, sondern nur mit einem Beitrag im Meeting glänzen wollen: Wer sich selbstbewusst im Sprechen und in seiner Wortwahl zeigt, beweist Kompetenz und Qualität. Machen Sie sich das zunutze!

TIPP

Lassen Sie die Stimme klingen!

→ Um herauszufinden, wie Sie sprechen, nehmen Sie einmal eine Hörprobe von sich mit Hilfe eines Kassettenrecorders auf. Wahrscheinlich werden Sie erst einmal erschrecken, weil Sie die eigene Stimme kaum wiedererkennen. Und weil Sie jetzt bemerken, was Sie falsch machen. Reden Sie zu schnell oder undeutlich? Oder streuen ständig einen Verlegenheitslaut wie »äh« ein? Vielleicht sprechen Sie zu leise oder piepsig hoch? Kein Problem: An alldem können Sie arbeiten!

→ Lesen Sie einen einfachen Satz: mal energisch, mal fragend, mal als Ausruf. Betonen Sie das Gelesene unterschiedlich, machen Sie Pausen an verschiedenen Stellen und verändern Sie die Sprachmelodie immer wieder. Nach und nach verliert sich die anfängliche Fremdheit der eigenen Stimme und Sie können immer besser mit Stimmlage und Melodie spielen.

Der Ton macht die Musik!

Selbst wenn die Stimme nur etwas Flüchtiges ist und wir uns oft nicht genau daran erinnern, was jemand wörtlich gesagt hat: Der Klang seiner Stimme bleibt im Gedächtnis haften. Schauspieler, Politiker, Diplomaten und Lügner kennen die Macht der Stimme. Sie lässt sich modulieren und entsprechend der jeweiligen Situation einsetzen: Achten Sie beim nächsten Liebesfilm, den Sie sich ansehen, mal auf eine Flirtszene. Schauspieler sprechen in solchen Momenten fast eine Oktave höher und in einer sanft einschmeichelnden Tonlage. Im täglichen Leben ist es ähnlich: Der Klang Ihrer Stimme verrät Ihrem Gesprächspartner, welche Absichten Sie haben:

- ➔ Eine leise, tiefe und eher monotone Tonlage macht deutlich, dass Sie mit jemandem rein geschäftlich verkehren möchten und eher auf Distanz bedacht sind. Sie wirken deshalb aber nicht unfreundlich.
- ➔ Ein sanfte, hohe und einschmeichelnde Tonlage zeigt, dass Sie an Ihrem Gegenüber mehr als nur flüchtig interessiert sind. Frauen setzen diese Tonlage unbewusst ein, wenn sie jemanden überzeugen oder sogar zu etwas überreden möchten. Seien Sie im Job vorsichtig damit: nicht nur, weil es zu Missverständnissen führen kann, sondern auch deshalb, weil Sie Äußerungen und Anordnungen besser klar und deutlich mitteilen als in einem bittenden Tonfall – vor allem, aber nicht nur, in leitenden Funktionen.

Männliche und weibliche Stimmlage

Die Stimmhöhe lässt sich bewusst steuern und adäquat einsetzen – doch dies gelingt nicht immer in allen Situationen. Sie sollten aber wissen, dass

- ➔ hohe und schrille Töne als »weiblich« gelten und einen aufgeregten oder auch ängstlichen Eindruck vermitteln.
- ➔ tiefe Töne »männlich« wirken und mit Gelassenheit, Ruhe und Würde gleichgesetzt werden.

Wer seiner Aussage Gewicht verleihen möchte, wählt also besser eine eher tiefe Tonlage. Wichtig ist aber, dass Tonlage und Stimmqualität zusammenpassen. Es wirkt einfach lächerlich, wenn beispielsweise eine zierliche Frau mit einer von Natur aus eher hoher Stimme plötzlich künstlich tief spricht. Außerdem sollten äußere Erscheinung und Tonlage harmonieren: Wenn Sie also die Stimme als Mittel der Körpersprache einsetzen, dürfen Sie nicht »gegensätzlich« arbeiten. Ihr Gegenüber merkt nämlich instinktiv, wenn Ihre Tonlage nicht zu Ihnen passt. Achten Sie einmal bei der Nachrichtenansage oder in einer Talkshow darauf: Wenn Frauen bemüht tiefer sprechen, klingt es oft unecht.

INFO

Gefühle kann man hören

→ Selbst wenn wir es kaum glauben: Nicht nur unser Aussehen, sondern auch unsere Stimme ist ein wichtiges Erkennungszeichen. Mit der Stimme kann man kaum lügen – sie drückt immer aus, was wir gerade fühlen. Kommunikationswissenschaftler wie Walter Sendlmeier von der TU Berlin haben Sprechstile und ihre Wirkung untersucht. Die Ergebnisse: Sobald jemand gelangweilt ist, spricht er langsamer und neigt sogar dazu, ganze Silben zu verschlucken. Wer Angst hat, dessen Stimme rutscht eine Etage höher. Und weil ihm die »Kehle zugeschnürt« ist, klingt seine Stimme dünn und gepresst.

→ Im Alltag machen wir uns zwar keine Gedanken über die Hintergründe, aber dennoch merken wir als Gesprächspartner instinktiv innerhalb von Sekundenbruchteilen, ob unser Gesprächspartner zornig oder furchtsam, traurig oder fröhlich ist. Vor allem dann, wenn wir ihn nur hören und nicht sehen. Laut Sendlmeier gibt es uralte Kommunikationsmuster, die noch heute gelten: Bei einer tiefen Stimme glauben wir automatisch an Autorität, Seriosität und Führungsanspruch. Hören wir dagegen eine hohe Stimme, empfinden wir den Sprecher als unsicher und nicht überzeugend. Interessant ist dabei, dass sich die weibliche Stimme in den vergangenen vier Jahrzehnten verändert hat: Sie ist in der Tonlage nach unten gerutscht. So hört man in der Öffentlichkeit, vor allem in Funk und Fernsehen, zunehmend Frauen mit einer sonoren Altstimme, während der »Kleinmädchen-Ton« fast verschwunden ist.

Treffen Sie den richtigen Ton

Das Wissen um die Stimmtonlagen ist unbewusst und instinktiv: Wir erwerben es bereits als Kleinstkind und wenden es unser ganzes Leben lang an. Wenn beispielsweise ein Baby in hohen Tönen schreit, versuchen wir als Erwachsene automatisch, es mit einer tiefen und sonoren Stimme zu beruhigen. Wir lernen von klein auf, dass mit der tiefen Stimme, der sogenannten Untertonstimme, wie auch mit der hohen, der Obertonstimme, ganz bestimmte Gefühle verbunden sind. Legt man seine Stimme bewusst in eine bestimmte Tonlage, kann man mit dem Gesagten entsprechende Gefühle beim Zuhörer bewirken beziehungsweise seine Aussage gezielt untermauern.

→ Jemanden, der in einer Obertonstimme spricht, halten wir schnell für inkompetent. Denn wir glauben aus der Stimme zu hören, dass er seiner Sache nicht sicher ist, dass er vielleicht sogar Angst hat. Klar, dass wir deshalb auch den

Schluss ziehen: Diese Person hat keine Führungsqualität. Vor allem Frauen kennen das Problem, dass sie in Diskussionen einen schweren Stand haben – und zwar nicht wegen des Inhalts ihres Beitrags, sondern allein aufgrund ihrer (natürlichen) Tonhöhe. Wer mit einer Obertonstimme spricht, wird oft überhört, nicht ernst genommen oder übergangen. Bei einem Vortrag eines Redners mit hoher Stimme kann es passieren, dass der Zuhörer schnell vom Inhalt abgelenkt ist. Man betrachtet stattdessen vielleicht die Person selbst, ihre Kleidung oder Frisur – und denkt über alles andere nach als über den Inhalt der Aussage.

➔ Ganz anderes gilt dagegen für denjenigen, der in der Untertonstimme zu uns spricht: Wir glauben sofort, Kompetenz, Ruhe und Souveränität zu spüren. Als Zuhörer fühlen wir uns überzeugt, ja fast schon geborgen. Aber Vorsicht: Bei so viel Wohlwollen einem so angenehmen und sympathischen Redner gegenüber fühlt sich so mancher eher eingelullt – und achtet ebenfalls immer weniger auf die inhaltliche Aussage.

Daher liegt die »richtige« Stimmlage dazwischen, in einem Wechsel von Ober- und Untertonlage. Damit ist Ihnen die dauerhafte Aufmerksamkeit Ihrer Zuhörer garantiert – vorausgesetzt natürlich, Sie haben auch inhaltlich etwas zu bieten …

Was es über Stimmtonlagen zu wissen gibt …

Unsere Tonlage ist von Natur aus vorgegeben, und so teilt man eine Stimme zunächst ganz allgemein danach ein, in welchen Tönen sie am häufigsten schwingt: also in Sopran, Alt, Tenor oder Bass. Außerdem nutzen wir jeweils verschiedene Resonanzräume:

➔ für den Obertonbereich (z. B. Sopran) vor allem die Resonanzräume von Stirnhöhle und Nasennebenhöhlen und

➔ für den Untertonbereich (z. B. Bass) hauptsächlich die Resonanzräume des unteren Brustkorbs.

Sie sehen schon: Für die Sopranstimme (meist eine hohe und eher weibliche Stimme) steht schon rein körperlich weniger Resonanzraum zur Verfügung. Will eine Sopranstimme laut und volltönend sprechen, wird der Sprechton – wenn man nicht geschult ist – ganz automatisch in die Obertonstimme verlagert. Das Resultat ist leider kläglich: Es erklingt ein dünnes Stimmchen, das leicht ins Schrille, manchmal sogar ins Kreischende umschlägt. Immer dann nämlich, wenn zusätzlich Druck auf die Stimmbänder ausgeübt wird, weil man angestrengt versucht lauter zu sprechen.

Völlig im Gegensatz dazu steht die Bassstimme. Für diese (tiefe und meist männliche) Untertonstimme gibt es im Brustbereich mehr Resonanzraum als für eine hohe Stimme. Die Folge: Die Töne klingen voller, die Stimme überschlägt sich nicht – selbst dann nicht, wenn der Sprecher lauter wird.

Überzeugend: die indifferente Stimme

In der richtigen Stimmlage – der sogenannten indifferenten Stimme – können dem Zuhörer Informationen vermittelt werden, ohne dass er dabei vom Inhalt abgelenkt wird. Diese Stimmtonlage lässt sich gezielt trainieren. Und wenn Sie im Beruf erfolgreich sein wollen, sollten Sie das auch tun – gerade als Frau! Die Indifferenztonlage liegt im mittleren Bereich unseres Gesamtstimmumfanges und umfasst mehrere Töne – allerdings ebenfalls abhängig vom Gesamtumfang unserer Stimme. Das heißt: Wer von Natur aus wenig Stimmumfang hat, kann zwar gezielt an seiner Stimme arbeiten. Aber er wird kein Opernstar werden …

Beim Sprechen in der Indifferenztonlage kommen wir beim Zuhörer gut an: Er empfindet unseren Vortrag als gut hör- und verstehbar, er schenkt eher dem Inhalt unserer Aussage Aufmerksamkeit. Das kommt Ihnen alles ziemlich schwierig vor? Machen Sie sich keine Sorgen: Unbewusst nutzen Sie nämlich alle drei Sprechtonlagen jeden Tag. Der Trick dabei ist, dass Sie lernen und trainieren, wann Sie welche Tonlage bewusst und gezielt einsetzen, um das zu erreichen, was Sie erreichen möchten. Damit werden Sie nicht nur Ihre Stimme verbessern, sondern Ihre gesamte Haltung. Denn Sprechen ist ein umfassender Vorgang, der unseren Körper ganz und gar in Anspruch nimmt.

TIPP

Wie Sie Gefühlsausbrüche vermeiden

→ Sie sind innerlich erregt und wütend über den Beitrag eines anderen? Sie haben wichtige Informationen und sprudeln die nur so heraus? Achtung! Halten Sie kurz inne, bevor die Diskussion ausartet – und Folgendes passiert: Sie vergessen zu atmen, Ihre Stimme überschlägt sich oder wird massiv zu laut. Als »Antwort« werden Sie persönlich angegriffen – mit Äußerungen, die wenig mit dem eigentlichen Thema zu tun haben und Sie noch mehr erregen. Auf einen objektiven Betrachter wirken Sie unsachlich, engstirnig, hysterisch oder aufbrausend.

→ Besser Sie versuchen es mit Ruhe und der richtigen Technik! Gerade wenn Sie merken, dass Sie mit Gefühlen involviert sind, setzen Sie Ihre Stimme bewusst tiefer. Konzentrieren Sie sich beim Sprechen auf die Betonung und machen Sie viele Pausen. Damit erreichen Sie, dass die Aufmerksamkeit sich erhöht und man Ihnen zuhört. Und Sie hinterlassen den Eindruck kompetent und selbstbewusst zu sein sowie ein Thema überlegt behandeln zu können – selbst wenn Sie emotional engagiert sind.

Überwinden Sie Ihre Unsicherheit

Verständlicherweise sind Sie nervös: Die Präsentation Ihres ersten Projekts steht an. Zwar sind Sie bestens vorbereitet, aber Sie haben Lampenfieber, und zwar ganz gewaltig. Und weil Sie nicht wissen, wie Sie damit umgehen sollen, sitzen oder stehen Sie völlig verspannt und im Hals sitzt ein »Frosch«. Nach den ersten Worten merken Sie, dass Ihre Stimme zu leise ist. Sie wollen lauter sprechen – aber das gelingt nicht: Ihre Stimme geht lediglich nach oben. Merken Sie, was passiert? Sie senden ganz unbewusst Ihre Unsicherheit und Ihre Angst aus – und genau diese Gefühle kommen leider auch bei Ihren Zuhörern an. Daraufhin wird man Sie kritisch beobachten, was Sie wiederum merken und wodurch Sie noch unsicherer werden: also ein wahrer Teufelskreis. Selbst wenn Sie perfekt vorbereitet sind, werden Sie mit Ihrer Präsentation nicht überzeugen.

Anders läuft die Szene ab, wenn Sie die Situation bewusst annehmen: Sie haben auch jetzt natürlich Lampenfieber, klar! Aber Sie stellen oder setzen sich aufrecht hin: So kann Ihre Lunge gut Luft fassen. Sie atmen bewusst aus und wieder tief ein – und stellen sofort fest, wie viel an Energie und Kraft das bringt. Und Sie setzen Ihre Stimme bewusst in die Indifferenztonlage. Sie sprechen laut (aber nicht schrill), kraftvoll (und nicht piepsend) und Sie nehmen sich selbst positiv

ÜBUNG

Werden Sie sich Ihrer Stimme bewusst!

Setzen Sie Ihre Stimme bewusst in eine hohe Tonlage und versuchen Sie dann, lauter zu werden. Was passiert? Piepsen Sie oder klingt Ihre Stimme schrill? Versuchen Sie einen tiefen Ton – hauchen Sie die Worte aus. Was passiert nun? Haben Sie eine unfehlbar erotisch klingende Stimme? Atmen Sie aus und stellen Sie sich nun Ihre Lieblingsspeise vor. Lassen Sie ein genüsslich-herzhaftes »Hmmm« ertönen und kauen Sie dabei intensiv. Es entsteht ein tiefer, stabiler Ton. Und das ist bereits einer der unteren Töne Ihrer Indifferenzlage – also genau die Sprechtonlage, mit der Sie unbelastet und effektiv sprechen. In etwa ein bis zwei Wochen können Sie mit dieser Übung Ihre Stimme so trainiert haben, dass Sie die Indifferenztonlage »auf Abruf« haben.

wahr. Und Ihre Zuhörer? Auch die spüren Ihre Ausstrahlung und nehmen Sie als kompetente und selbstbewusste Person wahr. Wie bei einem Pingpong-Spiel spüren Sie die Reaktion Ihres Publikums und merken schnell: Schmetterlinge im Bauch? Keine Spur mehr davon. Ihre Vorbereitung – eben nicht nur inhaltlich, sondern auch hinsichtlich Ihrer Stimmlage – macht Ihre Präsentation zum Erfolg. Genau dasselbe können Sie in einem Meeting erreichen, in einem Seminar und im Kundengespräch. Diese kleinen Tricks kennt jeder gute Redner!

Die Kraft der Stimme

Wie Sie ja schon wissen: Nur etwa sieben Prozent aller Informationen bekommen wir verbal, 55 Prozent über die Körpersprache und 38 Prozent aus der Stimme. Ein Grund mehr, an Stimme und Sprache zu arbeiten! Vor allem, weil wir am Telefon den größten Teil der nonverbalen Kommunikation, nämlich Gestik, Mimik und Körperhaltung durch unsere Stimme ersetzen müssen.

Mit regelmäßigem Training kann jeder lernen, mit seiner Stimme den richtigen Ton zu treffen. Die folgenden Tipps zeigen Ihnen, worauf es dabei ankommt:

RICHTIG ATMEN: Bei dieser Übung kommt es nur aufs Atmen an. Wenn Sie es richtig machen, senkt sich das Zwerchfell, der Bauch wölbt sich, und Luft strömt in die Lunge. Brust und Rücken weiten sich und vergrößern so den Resonanzraum. Beim Ausatmen werden die Stimmbänder in Bewegung gesetzt. Üben Sie diese Zwerchfell-Atmung mehrmals am Tag. Nutzen Sie dazu kurze Pausen und atmen Sie bewusst »in den Bauch« – etwa an der Kasse im Supermarkt.

DEUTLICH ARTIKULIEREN: An der Bildung unserer Stimme sind zahlreiche Muskelpartien im Gesicht beteiligt. Öffnen Sie beim Sprechen den Mund, formen Sie die Vokale mit den Lippen. Dadurch vergrößert sich der Resonanzraum, Ihre Stimme gewinnt an Klang und Ihre Aussprache wird deutlicher. Achten Sie beim Artikulieren darauf, dass Sie

→ bei »o« und »u« die Lippen ganz betont runden.

→ bei »a« oder »ei« den Mund besonders weit öffnen.

GERADE HALTEN: Ein krummer Rücken und eingefallene Schultern behindern Ihre Atmung und engen die Resonanzräume ein – Ihre Stimme verliert an Volumen. Wer sich dagegen aufrecht hält, kennt diese Probleme nicht.

TIEF SPRECHEN: Ihre persönliche Indifferenzlage, in der man ganz ruhig und angenehm spricht, finden Sie auch durch das sogenannte »Einzählen« heraus. Gehen Sie langsam und entspannt, zum Beispiel bei einem Waldspaziergang, und zählen mit jedem Schritt laut bis zehn. Dann wieder von vorne anfangen und dabei immer langsamer werden. Automatisch schwingt Ihre Stimme nach und nach in die Indifferenzlage.

Wie verständlich man für andere klingt, hängt zum einen davon ab, ob man richtig atmet, und zum anderen, ob man seinen Atem beim Sprechen richtig einsetzt. Auch das können Sie lernen – zum Beispiel mit Hilfe der folgenden Übung.

Deutliches Sprechen in einer angenehmen Stimmhöhe und der richtigen Lautstärke ist vor allem im Job das A und O – eine der wichtigsten Voraussetzungen, wenn nicht die ausschlaggebende, um ins Gespräch zu kommen und Kontakte zu pflegen. Doch genauso wichtig ist eine gute Aussprache – vor allem, wenn man eine starke Dialekt-Färbung hat.

ÜBUNG

Machen Sie mal Pause

Schreiben Sie einige Sätze auf – und zwar: zwei kurze Sätze, dann einen langen Satz mit Nebensatz, dann wieder zwei kurze und so weiter – insgesamt sechs bis neun Sätze. Nun lesen Sie diese Sätze und versuchen die erlernte Methode der »geräuscharmen Zwischenatmung« (→ Seite 135) anzuwenden. Dabei werden Sie feststellen, dass das »Zahlenmodell« nicht auf Worte übertragbar ist. Würden Sie nach jedem Wort einatmen, hätten Sie zu viele Pausen im Text und würden nach einer Weile in einen monotonen Rhythmus verfallen. Sätze bieten aber natürliche Pausen, in denen Sie atmen können: etwa bei Kommas ebenso wie bei sogenannten »wichtigen« Worten im Satz. So im folgenden Beispiel:

»Wie wir alle wissen« – Atmen – »hat Maria-Doris« – Atmen – »unser Geburtstagskind« – Atmen – »viele gute Freunde« – Atmen – »Schön, dass alle gekommen sind« – Atmen – »Das ist auch kein Wunder« – Atmen – »denn schließlich« – Atmen – »freuen wir uns alle« – Atmen – »gemeinsam mit ihr zu feiern« – Atmen.

Wenn Sie diesen Satz mehrmals sprechen und sich an die Atempausen halten, werden Sie feststellen: Sie verfallen in einen Rhythmus, der Ihnen zunächst unnatürlich erscheint und machen automatische Pausen. Das ändert sich aber, nachdem Sie ihn ein paar Mal gesagt haben: Ihr Sprechrhythmus wird ruhig, das Ausatmen wird beim Sprechen ganz natürlich – und genau das wollen Sie ja erreichen. Experimentieren Sie beim Üben auch mit der Betonung und der Stimmlage.

Hochdeutsch sprechen ist nicht leicht

Wir wohnen zwar im gleichen Land und sprechen eine Sprache, dennoch gibt es Verständigungsprobleme: Ein Sachse kann sich nicht ohne Weiteres mit einem Kölner unterhalten, ein Urbayer hat Schwierigkeiten damit, ein typisches Nordlicht zu verstehen. Neben den unterschiedlichen Dialekten gibt es jedoch eine offizielle Sprache: Hochdeutsch. Mit etwas gutem Willen können wir uns also trotz der regionalen Sprachunterschiede verstehen. Aber auch im Hochdeutschen gibt es »Fallen« – vor allem, was die Aussprache betrifft.

Die richtige Aussprache

Wir haben zwar allgemein gültige Sprachregeln, doch Sprache ist etwas Lebendiges, das sich im Laufe der Zeit verändert – auch die Aussprache. Am besten lernen Sie die derzeit aktuelle Aussprache beim Hören von Nachrichten: Die Sprecher in Funk und Fernsehen sprechen genau so, wie es sein sollte.

Ein Beispiel: Bis vor ein paar Jahren war genau »vorgeschrieben«, wann man die Endsilbe »-ig« als »-ich« aussprach und wann als »-ig« (so wurde »nötig« zu »nötich«). Inzwischen gilt: »-ig« wird nur in Ausnahmefällen als »-ich« gesprochen, nämlich wenn danach ein »k« folgt. »Selbstständigkeit« etwa wird zu »Selbstständichkeit«. Das klingt besser als ein »g« gleich hinter einem »k«.

Und so gibt es viele ähnliche Ausspracheregeln. Die meisten kennen wir oder wenden sie täglich an, ohne darüber nachzudenken. Mit der Zeit schleichen sich allerdings – sogar bei guten Sprechern – Nachlässigkeiten ein. Professionelle Redner trainieren ihre Artikulation deshalb regelmäßig bei der Sprecherziehung. Und auch Sie können an Ihrer Aussprache arbeiten. Lassen Sie sich doch einmal von sogenannten Zungenbrechern herausfordern (→ Seite 140)!

Sprache verrät die soziale Herkunft

Die soziale Schicht, aus der wir entstammen, prägt unsere Sprache – und unsere Sprechweise. Wenn Menschen aus unterschiedlichen Schichten aufeinandertreffen, kann es leicht zu Missverständnissen kommen. Da kommt dann vielleicht ein gar nicht so böse gemeintes Wort aufgrund eines rau-herzlichen Tonfalls beim Gegenüber als echte Beschimpfung an. Oder das kumpelhafte Du wird als persönlicher Übertritt interpretiert.

Clevere Tipps von der Benimm-Expertin:

Duzen und siezen – gar nicht so leicht

Früher stellte sich die Frage, wer wem das Du anbietet, ausschließlich unter Männern. Denn: Jede Dame hatte das Recht, einem Mann das Du anzubieten, und der Herr hatte dieses Angebot freudig zu akzeptieren. Heutzutage sollte Ihnen allerdings klar sein, dass Sie als Sekretärin nicht Ihrem Chef das Du anbieten können. Generell beherzigen Sie am besten die Regel: Wer zu schnell duzt, gilt als unhöflich – wer zu lange siezt, wirkt steif.

Grundregeln für das Du im Job

Während im Privatleben gilt, dass ältere Personen Jüngeren das Du anbieten, beachten Sie bitte, dass im Berufsleben vor allem die **Hierarchie zählt.** Allgemein helfen Ihnen folgende Regeln:

- → Duzen ist eine Sache der persönlichen Absprache. Im Normalfall siezen sich fremde Erwachsene.
- → Sie warten stets ab, ob der Chef Ihnen das Du anbietet. Niemals findet das Angebot umgekehrt statt.
- → Unter gleichgestellten Kollegen macht der Dienstältere den ersten Schritt; bei gleichem Betriebsalter entscheidet das Lebensalter, wer das Duzen anspricht.
- → Ein Du, das in Sektlaune entstand, gilt am nächsten Tag im Büro nicht mehr. Außer Ihr Gegenüber betont: »Wir haben uns gestern Abend doch geduzt ...«
- → Es ist immer unhöflich und manchmal schwierig, ein Du zurückzunehmen.
- → Ein Du darf niemals aufgedrängt werden. Ihr Gegenüber muss die Möglichkeit haben, das Angebot abzulehnen.

Spontanes Duzen

Das förmliche Du-Anbieten ist nicht mehr sehr häufig. Eher kommt es dazu, weil im Laufe der Zusammenarbeit einer anfängt, den anderen zu duzen. Und der steigt genauso spontan darauf ein. Sehr weit verbreitet ist dieser formlose Übergang unter jüngeren, gleichaltrigen Mitarbeitern. Selbst wenn man im Team unterschiedliche Positionen innehat, kommt einem das »Sie« oft steif vor. Bei Mitarbeitern mit größerem Altersunterschied ist es – in Anlehnung an die traditionellen Regeln – oft der Ältere oder **Höherrangige,** der zum Du wechselt, manchmal über den »Umweg« vom Sie in Kombination mit dem Vornamen.

Machtspielchen mit Sie und Du

Es kommt öfter vor, als Sie denken: In einem Workshop oder einer heißen Projektphase duzt Ihr Chef Sie plötzlich. Sie steigen unbedarft drauf ein. Und kommen sich **ziemlich dumm** vor, wenn Ihr Vorgesetzter am nächsten Tag wieder mit einem steifen Sie reagiert. Dann sind Sie einem Machtspielchen Ihres Chefs erlegen – peinlich vor allem für den, der es spielt. Leider aber auch sehr unangenehm für Sie, wenn Sie darauf hereinfallen.

Peinliche Situation: das Nein zum Du

Besonders Jüngere oder Personen, die in der Firmenhierarchie weiter unten stehen, ziehen es oft aus **Taktgefühl** oder Unsicherheit vor, sich entweder in ihr Schicksal zu fügen – also das Duzangebot anzunehmen – oder aber künftig eine direkte Anrede zu vermeiden. Dabei ist es gar nicht so schwierig, die richtigen, taktvollen Worte zu finden.

Natürlich gehört eine ganze Menge Selbstbewusstsein dazu, aber selbstverständlich kann man ein Du auch ablehnen. In diesem Fall sollten Sie eine einleuchtende Begründung parat haben. Das darf eine **Notlüge** sein – aber dann eine, die den anderen nicht verletzt. Zum Beispiel: »Mir ist es lieber, mit dem Du zu warten, bis ich die Probezeit überstanden habe.« Oder: »Seien Sie nicht böse, aber ich gehöre zu den Menschen, die ein bisschen mehr Zeit brauchen, ehe sie sich duzen!« Eine gute **Zwischenlösung** ist das Sie in Verbindung mit dem Vornamen. Einfacher ist eine Ablehnung, wenn Sie jemand spontan duzt. Antworten Sie stets darauf mit einem sturen Sie – dann wird auch der begriffsstutzigste Kollege merken, dass Sie nicht geduzt werden wollen. Doch im Normalfall rechnet wohl kaum jemand damit, dass sein Angebot abgelehnt wird. Sollte Ihnen dies passieren, reagieren Sie nicht beleidigt. Dem anderen wird's peinlich genug sein, dass er ablehnt ...

Privat per Du, im Job per Sie

Sie kennen Ihren Chef privat, weil Sie im selben Tennisclub sind. Und wie machen Sie es im Job? Siezen oder Duzen? Das ist hier die Frage. Es gibt aber durchaus Gründe, warum Duzfreunde sich in der Öffentlichkeit oder wenigstens in der Korrespondenz wieder siezen: nämlich immer dann, wenn das förmliche Sie für alle **Außenstehenden** besser klingt. So gibt es Firmen, bei denen sich selbst langjährig befreundete Mitarbeiter vor Kunden und Geschäftspartnern siezen müssen. Angebracht ist das Sie:

- → im Geschäftstermin mit Kunden und Geschäftspartnern.
- → in hochoffiziellen Schreiben, die als Kopie an einen großen Verteiler gehen.
- → in einer festlichen Rede, die auch sich unter anderem auch an einen Duzfreund wendet.
- → in einem Meeting oder Seminar mit Kollegen, die diese vertrauliche Anrede bisher noch nicht benutzen dürfen.

ÜBUNG

Achtung Zungenbrecher!

Versuchen Sie folgende Sätze möglichst perfekt über die Lippen zu bringen. Sprechen Sie deutlich, aber nicht zu langsam – sonst wird es leicht monoton:

- Vorgestern flog der fröhliche Vogel fort, noch bevor seine flinken Flügel im Frühnebel feucht werden konnten.
- Pflaumenpflücken ist für Pflaumenpflücker Pflicht, Baumwollpflücken für Baumwollpflücker, jedoch ist Baumwollpflücken keine Pflicht für Pflaumenpflücker und Pflaumenpflücken keine für Baumwollpflücker.
- Nach windigem schwindligem Weg auf gefährlich leichtbrüchigem Steg durch eckige zackige Schlucht – welch unsäglich klägliche Flucht.

Unsere Sprache drückt aus, woher wir kommen: ob aus dem Arbeitermilieu oder der Oberschicht – wobei die Grenzen zwischen den sozialen Schichten heute nicht mehr in dieser starren Form bestehen. Doch bestimmte Bevölkerungsgruppen verwenden eine jeweils spezifische Sprache – Experten nennen das »Soziolekt«. So sagt man zum Beispiel im Ruhrgebiet »Ich geh' auf Arbeit!« oder »Ich geh' nach'm Supermarkt!« Mit solchen grammatikalischen Schwächen ist es eher schwierig, die Karriereleiter emporzuklettern – einfach deshalb, weil für bestimmte Berufe gutes Deutsch wichtig ist. Ähnlich wie mit Grammatikfehlern verhält es sich oft bei einem starken Dialekt.

Dialekt: Vor- oder Nachteil?

Für jeden Schauspielerschüler ist es ein Muss, seinen Dialekt und die Sprache seiner sozialen Herkunft zu verändern. Das gelingt mit Hilfe professioneller Sprach- und Sprechübungen. In vertrauter Umgebung oder im Kreis der Familie kommt jedoch oft die »alte« Sprache wieder zum Vorschein. So auch in Situationen, in denen sich der Betreffende völlig entspannt und sicher fühlt – oder aber ganz das Gegenteil der Fall ist, sprich: in starker Erregung. Je nach Umfeld wird so ein »Rückfall« als peinlich angesehen oder als liebenswerte Eigenheit aufgenommen. Mancher Prominente oder Politiker kultiviert sogar einen leichten Dialekt oder Soziolekt, um damit Volksverbundenheit zu demonstrieren.

Allerdings haben nicht alle Dialekte die gleiche Wirkung: Sprachforscher wie Professor Markus Hundt von der Universität Dresden haben die Akzeptanz von Dialekten untersucht und dabei Folgendes festgestellt: Manche Regionalsprachen werden als charmant empfunden, andere eher abgelehnt. Der Dialekt des Rheinlands gilt als sympathisch – ebenso wie Bayerisch. Hier allerdings das sogenannte »Stadt-Bayerisch« und weniger ein starker Dialekt wie in Niederbayern.

Schwierig ist es im Berufsleben: Selbstverständlich müssen Sie Ihre Herkunft nicht verleugnen. Dass die regional typische Sprechweise auch Selbstbewusstsein verschafft, beweist der Baden-Württembergische Werbeslogan »Wir können alles außer Hochdeutsch«. Für regional stark verwurzelte Unternehmen kann die Regionalsprache durchaus ein Standortvorteil sein: Der Dialekt schafft Vertrauen. Ein umherreisender Vertreter wird in ländlichen Gebieten eher Probleme haben, wenn er den entsprechenden Dialekt nicht versteht. Viel besser wird ihm der Zugang zum Kunden gelingen, wenn er »dessen Sprache« spricht.

Andererseits führt ein starker Dialekt aber oft auch dazu, dass man Sie im Job nicht ernst nimmt, weil man Sie einfach nicht versteht oder für nicht kompetent genug hält. Je größer ein Unternehmen ist und je überregionaler beziehungsweise internationaler es arbeitet, desto eher wird von den Mitarbeitern reines Hochdeutsch erwartet. In großen Firmen ist es ein Muss, da es nach außen Neutralität und Internationalität ausstrahlt.

Jedem Beruf seine Sprache?

Die deutsche Sprache ist über die Jahrhunderte zu einer der wortreichsten Sprachen der Welt angewachsen. Neben den zahlreichen Dialekten schöpft sie auch aus dem Fundus der Standes- und Gruppensprachen – etwa die Berufssprache der Seeleute und Fischer, die der Kaufleute und Händler, der Handwerker und Soldaten, der Bauern und Jäger oder die Studentensprache. Kein Wunder, dass man sich nicht up-to-date fühlt, wenn man zum Beispiel am Nebentisch im Café jemanden fachsimpeln hört. Da fallen Worte, die man entweder gar nicht kennt oder die einen völlig anderen Sinn haben.

In fast jedem Beruf haben sich Spezialbegriffe herausgebildet. Immer öfter sind es Begriffe aus dem Englischen oder deutsche Wörter, die mit englischen kombiniert werden sowie auch englische Wörter, die »eingedeutscht« wurden. In manchen Branchen, zum Beispiel in der Werbung und im Marketing, kommt man ohne Anglizismen nicht mehr aus. Und wer die betreffenden Begriffe nicht kennt, versteht vermutlich nur Bahnhof.

Vorsicht bei Fremdwörtern und Anglizismen

Mit Fremdwörtern ist das so eine Sache: Wenn man sie benutzt, sollte man sie richtig gebrauchen. Aus dem hohlen Bauch heraus nur damit angeben zu wollen ist gefährlich: Da ist das Fettnäpfchen nicht weit. Irgendein Kollege weiß bestimmt, wie's richtig heißt. Und nichts ist wohl peinlicher, als vor den Ohren aller korrigiert zu werden. Verwenden Sie keine Fremdwörter, deren Bedeutung Sie nicht kennen und die Sie nur nachplappern. Wenn Sie sich scheuen, direkt nachzufragen: Legen Sie sich ein Fremdwörterlexikon zu oder recherchieren Sie im Internet nach den entsprechenden Fachwörtern Ihrer Branche.

Der Umgang mit Anglizismen kann unter Umständen sogar noch schwieriger sein als mit Fremdwörtern. Denn manche englischsprachige Ausdrücke tauchen ganz plötzlich im Sprachgebrauch auf und können zu diesem Zeitpunkt noch in keinem Fachlexikon nachgeschlagen werden. Dass Sie einen brandneuen Anglizismus nicht kennen, ist keine Schande. Fragen Sie beim Kollegen, der ihn verwendet hat, einfach nach. Damit verhindern Sie, dass diese eine Unklarheit weitere Missverständnisse nach sich zieht. Doch um sich nicht unnötig zu blamieren, finden Sie hier die gebräuchlichsten Anglizismen.

Die gebräuchlichsten Anglizismen

ACCESS: Zugangsberechtigung

ACCOUNT: Benutzungsberechtigung, Konto

AD: Abkürzung für »Advertising«: Werbung

ADD ON: Erweiterung, gemeint ist zusätzliche Hard- oder Software

ADIMPRESSIONS: die Anzahl der Werbeeinblendungen auf Internet-Seiten

BENCHMARKING: Vergleich unter den Branchenbesten

BOTTLENECK: kritische Phase eines Projekts, Stau im Arbeitsablauf

BOTTOM UP: Vorgehensweise, bei der Vorschläge an der Basis entwickelt und dann nach oben weitergegeben werden. Gegenteil: top down

BRANDING: professionelles Entwickeln einer Marke

B2B oder B-TO-B: Abkürzung für »Business-to-Business«: Geschäftsbeziehungen zwischen Unternehmen

CASH COW: Produkt mit hoher Gewinnspanne

CEO: Abkürzung für »Chief Executive Officer«: Vorstandsvorsitzender

CORPORATE DESIGN: Erscheinungsbild eines Unternehmens

CUSTOMER CARE: Kundenbetreuung

DOWNSIZEN: abbauen, einsparen

FENCE THE BENCH: »Den Branchenbesten überrunden«

GIVEAWAYS: (Werbe-)Geschenke bei einer Werbeveranstaltung

Angeben mit Fremdwörtern

Je besser Sie das Spiel mit Fremdwörtern beherrschen, desto belesener und interessanter wirken Sie auf Ihre Zuhörer. Wie aber – um Himmels willen – erzielen Sie mit geringem Aufwand diese Wirkung? Ganz einfach: Würzen Sie Ihre Sprache mit verborgenen Weisheiten, indem Sie ganz nebenbei Fremdwörter einstreuen. Nicht die üblichen, sondern derart ungewöhnliche, dass sie sicherlich kein Mensch kennt. Nachzufragen traut sich – erfahrungsgemäß – sowieso niemand. Lieber werden alle so tun, als ob sie die Bedeutung ganz genau wüssten ...

Um richtig Eindruck zu schinden, müssen Sie in Rätseln sprechen oder wenigstens so tun als ob. Und da ja so manches Fremdwort nicht nur aus dem Englischen oder Französischen stammt, erwecken Sie den Eindruck einer handfesten humanistischen Bildung in Latein und Griechisch. Je nachdem, in welcher Branche und bei wem Sie Eindruck schinden wollen, verwenden Sie die richtigen Fremdwörter oder den dort gängigen Slang – und umgeben sich damit mit dem Hauch dessen, was man Insidertum nennt.

Zum Beispiel mit dem allerorts zu hörenden Wort »Brainstorming«: In der Werbebranche kennt man diesen Begriff schon lange. Inzwischen wird er aber auch von Angehörigen anderer Branchen locker-nonchalant in eine Sitzung geworfen, wenn sie imponieren wollen. Kein kreativer Mensch sagt heute mehr: »Da müssen wir uns was überlegen ...« Nein, alle sprechen vom Brainstorming.

Wissen Sie eigentlich, wer der »Chairman« Ihrer Firma ist? Klar, Sie könnten den obersten Boss natürlich auch als Vorstandsvorsitzenden bezeichnen. Aber: Klingt »Chairman« nicht viel dynamischer? In Großbritannien und den USA bezeichnet man so den Vorsitzenden eines wirtschaftlichen oder politischen Gremiums. Und weil auch der deutsche Manager auf der Höhe der Zeit sein möchte, verwendet auch er diesen Begriff. Wohl ohne zu ahnen, dass es für »Chairman« noch eine zweite Bedeutung gibt: So wird auch jemand bezeichnet, der einen Rollstuhl schiebt. Was bei manchen Firmen im übertragenen Sinne ja durchaus stimmen mag ...

Und was antworten Sie, wenn Ihr Boss Sie nach dem Verbleib eines bestimmten Aktenvorgangs fragt? Sie haben keine Ahnung, kleiden dies aber in die Worte: »Evaluationsmäßig müsste dieser Vorgang bei Frau Meier liegen.« Das schicke Fremdwort heißt nichts anderes als »schätzungsweise«, macht aber einen kompetenteren Eindruck ...

HANDOUT: Tischvorlage für eine Sitzung oder einen Vortrag
KEY ACCOUNT MANAGER: Manager, der sich um Kundenbeziehungen kümmert
KICK-OFF-MEETING: Auftaktveranstaltung
LAUNCH: Start, gemeint ist die Markteinführung eines Produkts
LEAN MANAGEMENT: meint eine schlanke Unternehmensorganisation, bei der unnötige Materialien, Maschinen und Personal vermieden werden
LEAFLET: Klappbroschüre
M-BUSINESS: Abkürzung für »Mobile Business«: Geschäftsabwicklung auf Basis mobiler elektronischer Medien und drahtloser Netze
SABBATICAL: Langzeiturlaub mit Weiterbeschäftigungsgarantie
SILVERMARKET: Produkte, die auf Senioren als Zielgruppe angelegt sind
STEERING COMMITTEE: Steuerungskomitee zur Projektkontrolle
TROUBLESHOOTER: Problemlöser
TURNKEY-PROJEKT: schlüsselfertiges Projekt
TQM: Abkürzung für »Total Quality Management«: Qualitätskontrolle

Gekonnt: Satzbau und Ausdrucksweise

Wer sich gut verständlich machen möchte, muss neben der richtigen Sprechweise natürlich auch Wert auf Wort- und Satzstil legen. Das soll nicht heißen, dass Sie bei jeder Äußerung überlegen, ob sie nun perfekt im Stil und außerdem noch gut verständlich war. Aber Sie wissen sicher: Es gibt Menschen, denen hört man zu und erfasst sofort, was sie meinen. Weil sie sich eben klar und deutlich ausdrücken. Andere schweifen ab oder reden um den heißen Brei herum – und am Ende wissen Sie immer noch nicht, was der andere von Ihnen wollte.

Satzbau dient der Ordnung in der Sprache. Einen geschriebenen Text kann man notfalls mehrfach lesen, um ihn zu entwirren. Mit dem gesprochenen Wort ist es anders: Ob ein Vortrag oder eine kurze Bemerkung – man muss beides sofort verstehen. Deshalb: Bevorzugen Sie kurze Sätze statt langer Satzungetüme. Verwenden Sie wenig Fremdwörter. Lassen Sie Fachausdrücke nur dann einfließen, wenn Sie vor entsprechendem Publikum oder mit Fachleuten sprechen. Manchmal sind Spezialbegriffe aber unentbehrlich, weil eine Umschreibung zu langatmig wäre oder nicht exakt den Sinn treffen würde. Abgedroschene Allerweltswörter sind ebenfalls nur bedingt angebracht – sie gehören in die Umgangssprache und haben im Job nicht unbedingt etwas zu suchen. Das Gleiche gilt für Modewörter und den Jugendjargon.

Fachbegriffe, Fremdwörter und Anglizismen richtig verwenden, zusätzlich noch Satzbau und Ausdrucksweise beachten – all das dient dazu, eine gute Rhetorik zu entwickeln. Und kostet zugegebenermaßen immer etwas Mühe. Doch diese

Investition lohnt sich in jedem Fall, denn ohne eine gekonnte Sprechweise können Sie sich – vor allem im Job – nicht erfolgreich präsentieren.

Ein guter Redner wirkt immer souverän und überzeugend. Jemand, der sich gekonnt ausdrücken kann, vermittelt Glaubwürdigkeit. Auch was den Inhalt des Gesagten betrifft. Neben Aussprache, Wortwahl und Ausdrucksweise kommt es aber zusätzlich noch auf einen weiteren Faktor an: den Tenor. Er schwingt in jeder Rede mit und wird von den Zuhörern mehr oder weniger bewusst aufgenommen. Der Tenor hängt natürlich vom Inhalt und der Wortwahl ab, aber auch von ganz bestimmten Formulierungen.

Sicher kennen Sie die Theorie der »Self Fulfilling Prophecy«. Danach tragen negative Gedanken im Vorfeld dazu bei, dass ein Ereignis tatsächlich negativ eintritt. Dies gilt aber ganz genauso für Positives. Deshalb: Formulieren Sie positiv – das schafft nicht nur bei Ihnen, sondern auch bei Ihren Zuhörern beziehungsweise in Ihrem Team eine optimistische, motivierende Stimmung. Denn: Die innere Einstellung ist entscheidend! Nur wenn Sie selbst an Ihren Erfolg glauben, glauben auch die anderen daran.

Sprechen Männer und Frauen verschieden?

Neben unserer regionalen, sozialen und auch ethnischen Herkunft gibt es noch ein weiteres Kriterium, das unsere Art zu sprechen bestimmt: das Geschlecht. Frauen und Männer sprechen verschiedene Sprachen. Dieser Unterschied ist nicht auf den ersten Blick – oder vielmehr den ersten Satz – ersichtlich, macht sich aber durchaus im täglichen Umgang miteinander bemerkbar. Wer ihn jedoch kennt und beachtet, wird Missverständnisse umgehen und eine harmonische Kommunikation erreichen.

Mit dem unterschiedlichen Gesprächsverhalten von Männern und Frauen hat sich die amerikanische Sprachwissenschaftlerin Deborah Tannen beschäftigt. Ihr Ergebnis: Männer und Frauen reden deshalb häufig aneinander vorbei, weil es zwischen ihnen grundlegende Unterschiede in der Art zu kommunizieren gibt. Damit meint sie vor allem die unterschiedliche Denkweise sowie die Fähigkeit mit Emotionen umzugehen und sie zu äußern, aber auch die Haltung und Ziele, die beide mit einem Gespräch verbinden. Die konkreten Unterschiede in der Kommunikation zwischen Frauen und Männern zeigen sich folgendermaßen:

→ Während Frauen in einem Gespräch sich in ihren Ansichten bestätigt sehen wollen und einen Konsens anstreben, ist für Männer wichtig, dass sie sich als Person und in ihrer Position anerkannt fühlen. Sie suchen die Herausforderung zu anderen – Frauen den harmonischen Zusammenhalt.

- Frauen zeigen sich gesprächs- und kompromissbereit, um beliebt zu sein und ihre soziale Anerkennung nicht zu verlieren. Männer behalten ihre Karrierechancen im Auge und gehen allein deshalb auf Kompromisse ein.
- Frauen widmen sich mit dem Gespräch vorzugsweise ihrem sozialen Netzwerk – ihren Freundschaften und Beziehungen – und möchten sich erst in zweiter Linie eine Meinung bilden. Männer dagegen suchen nach Fakten, die ihnen zur Entscheidungsfindung dienen.
- Frauen neigen dazu, ihr Licht unter den Scheffel zu stellen. Sie prahlen nicht mit Leistung, sondern tun sie als Selbstverständlichkeit ab. Männer übertreiben gerne und stellen selbst kleine Erfolge als großen Durchbruch dar.
- In ihrer Wortwahl sind Frauen ausschmückend und mitfühlend. Männer reden überwiegend sachlich und informativ – ohne viele Schnörkel.
- Um sich durchzusetzen, wählen Frauen oft Umwege: Sie geben keine klare Anordnung, sondern umschreiben: »Ich würde mich freuen, wenn …« Männer äußern ihre Wünsche ohne Umschweife. Es macht ihnen nichts aus, deutlich ihre Meinung zu sagen und Befehle zu geben.
- Kritik bewerten Frauen oft als Angriff auf ihre Person. Männer hingegen sehen Autorität und Können in Zweifel gestellt – nicht aber den eigenen Charakter.
- Bei persönlichen Angelegenheiten suchen Frauen nach Mitstreitern – Männer schlagen sich lieber alleine durch.
- Auf die Probleme ihrer Mitmenschen reagieren Frauen mit Einfühlungsvermögen und lassen eigene Erlebnisse einfließen. Männer suchen sofort nach Lösungen und bieten konkreten Rat an.
- Frauen reden gerne im Freundes- und Familienkreis. Männer suchen eher das Auftreten vor Publikum – vor Kollegen, Vereinskameraden oder in der Stammkneipe. Beim Schweigen ist es genau umgekehrt: Frauen sprechen eher wenig in größeren gesellschaftlichen Runden, Männer dagegen sind meistens still innerhalb der Familie und Partnerschaft.
- Und worum geht es in der Regel? Frauen reden vor allem über Zwischenmenschliches, Gesundheit und die (gute) Figur. Männer unterhalten sich am liebsten über den Job, Sport und Hobbys.

Die unterschiedliche Art zu kommunizieren birgt für Männer und Frauen tägliche Herausforderungen – im Privaten wie im Job. Aufgrund ihrer eher zurückhaltenden Art müssen sich Frauen oft besonders anstrengen, um sich in der Kommunikation durchzusetzen. Wie sieht es damit bei Ihnen aus? Kommen Sie als Frau gegen Ihr männliches Umfeld an? Folgender Test verrät Ihnen, ob Sie im Job auch verbal »Ihren Mann stehen«.

SELBSTTEST

Sich durchsetzen oder klein beigeben?

→ Kommen Sie mit Ihrer Art der Kommunikation im Job gut an? Oder fühlen Sie sich manchmal von Kollegen »untergebuttert«? Finden Sie heraus, wo Sie stehen! Entscheiden Sie sich bei jeder Fragesituation für eine Antwort:

1 Im Teammeeting fordert der Chef alle auf, ihre Meinung zum neuen Projekt kundzutun. Wie verhalten Sie sich?

A Ich warte erst mal ab, was die anderen sagen, dann sage ich meine Meinung.

B Ich ergreife sofort nach ihm das Wort und sage, was ich davon halte und wie wir es am besten anpacken sollen.

2 Einer Ihrer Kollegen unterbricht Sie während Ihrer Wortbeiträge immer wieder. Sagen Sie ihm, was Sie davon halten?

A Nein. Ich denke, er merkt an meiner Miene, dass mich das stört.

B Ja – ich weise ihn nachdrücklich darauf hin, dass ich das unmöglich finde.

3 Gemeinsam mit Ihrem Team sollen Sie eine neue Aufgabe übernehmen. Sie klären, wie Sie vorgehen wollen. Wie gehen Sie dabei mit der Meinung der anderen um?

A Ich lege Wert darauf, dass jeder seine Meinung äußert und bemühe mich, alle Ansichten einzubeziehen.

B Ich sorge dafür, dass vor allem mein eigener Standpunkt klar wird und in die Planung einfließt.

4 Ihr Chef trifft eine Anordnung, die Sie unsinnig finden. Was tun Sie?

A Ich sage nichts. Er wird schon wissen, was er tut.

B Ich erkläre ihm, was er meiner Meinung nach falsch macht, folge aber dann trotzdem seinen Anweisungen.

5 Endlich haben Sie es geschafft und sind Teamleiter geworden. Wie gehen Sie mit den Neidgefühlen der Kollegen um?

A Ich spreche das Thema an und erkläre ihnen, dass sich im Umgang und im Arbeitsablauf nichts ändern wird.

B Ich gehe über diese Neider hinweg und lasse mir den Erfolg ganz bestimmt nicht vermiesen.

6 Im Kundengespräch wird ein Firmenbereich zum Thema, über den Sie wenig wissen. Wie verhalten Sie sich?

A Ich gebe zu, dass das nicht mein Bereich ist, mache aber deutlich, dass ich mich umgehend informieren werde.

B Ich bluffe, in dem ich ein paar allgemeine Schlagworte von mir gebe.

→ Lesen Sie weiter auf der nächsten Seite.

SELBSTTEST

Sich durchsetzen oder klein beigeben?

7 Worauf kam es Ihnen bei Sport und Spiel in Kindheit und Schule vor allem an?

A Ob Spiel oder Sport – das Wichtigste war immer, dass wir gemeinsam Spaß hatten.

B Ich wollte natürlich immer auf dem Siegertreppchen stehen. Beim Sport genauso wie beim Monopoli.

8 In der Diskussion mit dem Betriebsrat geht es heiß her. Sie haben etwas Wichtiges zu sagen. Wie leiten Sie die Aussage ein?

A »Hier möchte ich gerne einhaken und etwas dazu sagen ...«

B »Nach meinen Informationen ...«

9 Sie sind im Meeting noch unsicher, wenn Sie etwas vortragen. Wie überspielen Sie das?

A Ich sitze sehr aufrecht und hebe meinen Blick kaum von den Unterlagen.

B Ich sitze entspannt und suche bewusst den Blickkontakt meiner Kollegen.

10 Sie hatten im Team eine Auseinandersetzung mit einem Kollegen. Gehen Sie trotzdem mit ihm und dem Team zum After-Work-Drink?

A Ganz bestimmt nicht. Den Streit muss ich erst mal verarbeiten.

B Kein Problem – ich kann Job und Privates trennen. Und beim ersten Glas vertragen wir uns sowieso wieder.

11 Sie bekommen mit, dass ein Kollege Ihnen unterstellt, Sie hätten sich mit fremden Federn geschmückt. Wie reagieren Sie?

A Ich spreche mit allen Kollegen einzeln und versuche so, das Missverständnis auszuräumen.

B Ich gehe auf den betreffenden Kollegen zu und spreche das Thema offen an – am besten vor versammelter Mannschaft.

12 Sie wissen, dass man sich im Job gut darstellen muss, um Karriere zu machen. Wie gehen Sie vor, um auf Ihre guten Leistungen aufmerksam zu machen?

A Ich mache gar nichts – denn meine guten Leistungen sprechen doch für sich.

B Ich weise in entsprechender Runde – also vor allem in Gegenwart meines Chefs – darauf hin, wie gut und effizient ich meine Arbeit erledige.

13 Sie sind auf dem Weg zu einem Kundentermin und möchten in einem Café schnell noch einmal Ihre Unterlagen durchgehen. Da beginnt ein anderer Gast unentwegt auf Sie einzureden. Wie wehren Sie sich?

A Ich klappe meinen Laptop auf, in der Hoffnung, er versteht, dass ich jetzt einfach arbeiten muss.

B Ich sage ihm klipp und klar: »Sorry, ich muss noch etwas arbeiten!«

14 Sie sind neu im Betrieb, und ein Kollege hat Sie als Zielscheibe für seine Witze auserkoren. Wie lösen Sie diese Situation?

A Ich bin neu in der Firma und muss das wohl erst einmal hinnehmen. Aber später werde ich ihn mir mal vornehmen.

B Ich sage ihm unter vier Augen höflich, aber deutlich, dass mir sein Verhalten nicht gefällt.

15 Sie haben einen Kollegen unwissentlich beleidigt. Wie räumen Sie die Sache aus der Welt?

A Ich fasse mir ein Herz und suche das Gespräch unter vier Augen.

B Ich gehe über die Sache hinweg, so schlimm wird's schon nicht gewesen sein.

16 Sie müssen mit einem Mitarbeiter ein ernstes Gespräch wegen eines Fehlers führen. Wie machen Sie das am besten?

A Ich zögere das Ganze so lang wie möglich hinaus. Und dann wähle ich eine möglichst unverfängliche Situation wie die Pause in der Teeküche, um ihn darauf anzusprechen.

B Ich bitte den Kollegen zu mir und sage ihm klipp und klar, was Sache ist.

17 Sie geben ein Interview im lokalen TV-Sender. Der Reporter greift Sie verbal an. Wie verhalten Sie sich?

A Ich lächle, versuche das Ganze abzuwiegeln, und habe alle Fakten parat.

B Das lasse ich mir nicht bieten und werde ebenfalls sehr direkt.

Test-Auswertung

→ **SIE HABEN VORWIEGEND A-ANTWORTEN GEWÄHLT?** Dann ist Ihre Kommunikation sehr weiblich orientiert. Sie treten eher bescheiden auf – Fairness und Teamarbeit werden bei Ihnen großgeschrieben. Doch sind Sie sicher, dass Ihre Leistungen dabei nicht ins Hintertreffen geraten? Bemühen Sie sich um mehr Selbstmarketing und weichen Sie Konflikten nicht aus.

→ **SIE HABEN SICH VORWIEGEND FÜR B-ANTWORTEN ENTSCHIEDEN?** Ihre Kommunikation ist sehr männlich. Sie setzen sich und Ihre Meinung durch. In vielen Job-Situationen sind aber auch Teamgeist und Einfühlungsvermögen gefragt. Da hapert es bei Ihnen manchmal.

→ **IHRE ANTWORTEN VERTEILEN SICH ETWA GLEICHMÄSSIG AUF KATEGORIE A UND B?** Sie passen Ihre Kommunikation der jeweiligen Situation an und wenden je nachdem mehr die weibliche oder die männliche Strategie an. Damit sind Sie auf dem richtigen Weg – zumindest dann, wenn Sie in der konkreten Situation jeweils die richtige Strategie einschlagen.

Sie sind noch nicht überzeugt? Hier finden Sie ein paar Beispiele aus unserem täglichen Wortschatz, an denen Sie gut erkennen können, wie unterschiedlich negative und positive Formulierungen wirken:

NEGATIVE FORMULIERUNG	POSITIVE FORMULIERUNG
Das kann ich nicht.	Ich werde es lernen.
Ich bin schlecht in solchen Dingen.	Ich übe und mache täglich Fortschritte.
Hätte ich doch bloß …	Ab heute werde ich …
Pass auf, dass du nicht herunterfällst!	Pass auf, dass du oben bleibst!
Das haben Sie gar nicht schlecht gemacht.	Das haben Sie gut gemacht!
Nein. Das geht nicht.	Ich suche eine Möglichkeit, dass es geht.
Da kann ich Ihnen leider nicht weiterhelfen.	Ich erkundige mich und gebe Ihnen Bescheid.
Sie müssen warten.	Bitte warten Sie einen Moment.
Sie müssen schon entschuldigen.	Bitte entschuldigen Sie.
Ich muss erst mal nachsehen.	Ich schaue gerne für Sie nach.
Ich werde versuchen …	Ich werde … tun.
Problem	Herausforderung, Chance, Situation, Gelegenheit
(Hohe) Kosten	(Lohnende) Investition
Ehrlich gesagt …	*Am besten weglassen!*
Ich würde meinen/sagen/annehmen/bitten …	Ich meine/sage/nehme an/bitte …
Immer/alle/nie	*Besser konkret:* gestern/Person X/heute
Aber	*Am besten weglassen oder durch »und« ersetzen*
Sie sollten besser …	Es wäre gut, wenn Sie …
Worum geht's überhaupt?	Wie kann ich Ihnen weiterhelfen?
Ich brauche …	Geben Sie mir bitte …
Es gibt nur …	Es gibt ausschließlich …

ÜBUNG

Positiv formulieren

Versuchen Sie diese Beispiele an Negativformulierungen positiv umzuwandeln:

- → Ich habe schon wieder einen Fehler gemacht und mich furchtbar blamiert.
- → Ich hätte dazu vielleicht noch etwas Brauchbares anzumerken: ...
- → Man könnte ja eventuell versuchen, meinen Vorschlag aufzugreifen.
- → Ich hoffe, Sie glauben mir, dass ich mich im letzten Jahr bemüht habe, die Wünsche der Vereinsmitglieder zu erfüllen, die sie in der letzten Mitgliederversammlung an den Vorstand herangetragen haben.
- → Wir könnten versuchen, das Projekt in drei bis vier Wochen abzuschließen.
- → Ihre Bestellung könnte eventuell am Donnerstag rausgehen; vielleicht auch schon Mittwoch oder erst Freitag. Ich weiß nicht so genau.
- → War ja gar nicht so schlecht, was Sie da als Bericht abgeliefert haben.
- → Pass ja auf, dass du nicht von der Leiter fällst!
- → Sie müssen sich schon noch eine Weile gedulden.
- → Ich stimme Ihnen absolut zu, aber Sie haben einen wichtigen Punkt übersehen.

Vergleichen Sie Ihre Ideen mit den folgenden möglichen Formulierungen. So können Sie feststellen, ob Sie tendenziell eher negativ oder positiv formulieren:

- → Aus diesem Fehler werde ich endgültig lernen. So vermeide ich es in Zukunft, mich blamiert zu fühlen.
- → Ich habe dazu folgenden Vorschlag ...
- → Bitte überdenken Sie meinen Vorschlag. Ich halte ihn für geeignet, um ...
- → Ich bin zuversichtlich, dass Sie nach meinem Jahresbericht als Vorsitzende erkennen werden: Ich habe die Wünsche der Mitglieder, die sie bei der letzten Versammlung an den Vorstand herangetragen haben, erfüllt und neue Ideen in die Tat umgesetzt.
- → Wir erstellen den Arbeitsplan so, dass wir das Projekt in drei Wochen abschließen.
- → Ihre Bestellung geht auf jeden Fall vor dem Wochenende raus.
- → Ihr Bericht war gut/sehr gut/ausgezeichnet/gefällt mir.
- → Pass auf, dass du sicher auf der Leiter stehst.
- → Bitte warten Sie noch einen Augenblick/eine kleine Weile.
- → Ich stimme Ihnen in fast allen Details voll und ganz zu. Bitte lassen Sie uns lediglich über einen Punkt noch einmal sprechen.

Telefonieren ist eine Kunst

Mehr als zwei Drittel aller betrieblichen Kommunikation geschieht heute übers Telefon. Richtig telefonieren zu können, ist daher unerlässlich. Doch auch diese Kunst können Sie lernen. Einfach zum Hörer greifen und drauflos reden – damit kann man sich ganz schön in die Nesseln setzen. Und umgekehrt übergroße Scheu vorm Telefon zu haben und nach Möglichkeit sogar Gespräche zu vermeiden, ist auch nicht besser. Am besten Sie überprüfen Ihr Telefonverhalten bei Gelegenheit einmal und nehmen sich gegebenenfalls ein paar der folgenden Tipps zu Herzen.

Erste Hürde: »Rufen Sie uns an!«

Vor allem bei der ersten Kontaktaufnahme fällt der Anruf oft schwer: zum Beispiel, wenn in einer Stellenanzeige eine telefonische Kontaktaufnahme gewünscht ist. Dann ist zumindest meist der richtige Ansprechpartner mit seiner direkten Durchwahlnummer angegeben. Doch glauben Sie jetzt nicht, Sie müssten einfach mal schnell anrufen und hätten dann schon den Termin fürs Bewerbungsgespräch. Immer mehr Firmen sortieren nämlich bereits am Telefon aus, ob jemand für die ausgeschriebene Stelle passt. Das heißt: Sie haben am anderen Ende der Leitung einen Profi sitzen, der beurteilen kann, ob Sie auf Grund Ihres Anrufs, Ihres Verhaltens am Telefon und Ihrer Stimme, Sprache und Wortwahl überhaupt für den Job infrage kommen.

Doch das ist auch eine Chance: Wenn also eine interessante Stellenanzeige lockt, können Sie durch einen Telefonanruf nicht nur Interesse zeigen, sondern auch Ihre persönliche Werbebotschaft vermitteln und Sympathie bei Ihrem Gesprächspartner schaffen. Vielleicht stoßen Sie sogar überraschend auf Gemeinsamkeiten: »Ach, Sie haben auch in München studiert!« In jedem Fall haben Sie die Gelegenheit, Ihre eigene Kommunikationsfähigkeit und soziale Kompetenz unter Beweis zu stellen. Wenn Sie es geschickt machen, wird sich der Personalchef denken »Na, der klang aber sehr sympathisch. Da bin ich mal auf die Unterlagen gespannt!« und Ihre Unterlagen wohlwollend beurteilen.

Doch nicht nur eine neue Stelle, auch viele andere Situationen im Job-Alltag lassen Sie täglich zigmal zum Telefonhörer greifen. Und jedes Mal müssen Sie sich auf eine neue Situation einstellen, freundlich und entgegenkommend auf den Gesprächspartner eingehen, ohne dabei die eigenen Interessen zu vernachlässigen. Das ist nicht immer einfach und gerade längere Gespräche erfordern ein hohes Maß an Konzentration. Deshalb: Bereiten Sie sich auf jedes Telefonat gut vor. Damit ersparen Sie sich Zeit, Frust und – im Falle einer Kontaktaufnahme auf eine Stellenanzeige eventuell sogar eine direkte Absage. Bevor Sie zum Hörer greifen, machen Sie sich daher am besten genaue Notizen, auf die Sie sich während des Gesprächs beziehen können:

→ Wen will ich sprechen? Was will ich erreichen?
→ Welche Fragen will ich stellen?
→ Welche Unterlagen halte ich parat, falls ich sie für das Gespräch brauchen sollte?
→ Falls es zu einem Treffen kommt: Wann? Wo? Was soll ich mitbringen?
→ Tipp: Legen Sie immer Blatt und Stift bereit, um sich Notizen machen zu können und nicht erst während des Gesprächs anfangen, danach zu kramen …

TIPP

Wenn Sie von sich aus Kontakt aufnehmen …

→ Besonders engagiert wirken Sie selbstverständlich immer dann, wenn Sie von sich aus beschließen, telefonisch mit einem Unternehmen Kontakt aufzunehmen. Ohne dazu aufgefordert worden zu sein. Wenn Ihnen keine Direktdurchwahl zum richtigen Ansprechpartner für Ihr Anliegen bekannt ist, müssen Sie sich über die Zentrale verbinden lassen. Dabei ist es weder erforderlich noch sinnvoll, der Telefonistin Ihren Lebenslauf zu erzählen. Erklären Sie kurz, auf welche Position Sie sich bewerben möchten oder mit welcher Abteilung Sie sprechen möchten und lassen sich verbinden. Natürlich gibt es Unternehmen, die deshalb keine Kontaktadresse in der Stellenausschreibung angeben, weil sie eben nicht von der möglicherweise sehr hohen Anzahl an Anrufen überrollt werden möchten. Doch hier stellt sich die Frage, welcher Ton in einem solchen Unternehmen herrscht, das sich für die Auswahl seiner neuen Mitarbeiter so wenig Zeit nimmt und für Fragen von Bewerbern kein Entgegenkommen zeigt. Vielleicht möchte man in einem solchen Unternehmen überhaupt nicht arbeiten?

→ Dennoch: Mit Freundlichkeit, Selbstsicherheit und dem nötigen Quäntchen Glück haben durch einen Vorab-Anruf schon viele Bewerber einen neuen Arbeitsplatz gefunden. Ein weiterer Vorteil: Wenn Sie in dem Telefonat gebeten werden, Ihre Unterlagen zu schicken, haben Sie gleich einen guten Einstiegssatz für Ihr Anschreiben: »Sehr geehrter Herr Meier, vielen Dank für das freundliche und informative Telefongespräch, das wir miteinander geführt haben …«

Clevere Tipps von der Benimm-Expertin:

Wenn das Handy zum Handicap wird

Können Sie sich die folgenden Situationen vorstellen? Vielleicht haben Sie so etwas selbst schon erlebt? 15 Personen sitzen in einem **Meeting.** Ein Handy klingelt. Zwölf Leute suchen hektisch nach ihrem Apparat, um festzustellen, ob etwa ihr Mobiltelefon geklingelt hat und die Besprechung stört.

Oder: Ein Geschäftsmann sitzt im 1.-Klasse-Großraumwagen des ICE an einem Tischplatz, damit er die Fahrzeit bequem zum **Arbeiten** nutzen kann. Um ihn herum sitzen mehrere Handybesitzer, die ohne Pause telefonieren – und auch noch ziemlich lautstark. Denn schließlich müssen sie das Zuggeräusch übertönen, damit sie sich verständigen können.

Oder: Sie sitzen im gemütlichen Café, in dem Sie gerne in der Zeitung schmökern. Plötzlich kreischt neben Ihnen der Signalton eines Mobiltelefons los. Und das nicht nur einmal, sondern alle paar Minuten immer wieder. Kein Wunder: Direkt am **Nebentisch** sitzt eine junge Dame, die zwar nicht telefoniert, aber mit dem Mobiltelefon eifrig Kurznachrichten austauscht. Und sowohl beim Absenden wie auch beim Empfang einer neuen Kurzmitteilung gibt das Handy im wahrsten Sinne des Wortes Laut. In Ruhe lesen? Keine Chance! Sind solche Situationen die Normalität, die man einfach hinnehmen muss?

Gedankenloser Umgang mit dem Handy

Solche Beispiele sind leider inzwischen Alltag. Viele Menschen gehen völlig **gedankenlos** mit diesem Kommunikationsmittel um und haben wohl noch nicht begriffen, dass es hier einen Wandel gegeben hat. Vor ein paar Jahren noch, am Anfang der Funktelefon-Ära, galt das Mobiltelefon als **Statussymbol.**

Mittlerweile jedoch, da sogar Kinder und Jugendliche ein Handy besitzen, hat sich dieses Image gewandelt – und zwar ins Negative. Die Reaktionen sind entsprechend. Sie reichen vom mitleidigen Lächeln über ironische Bemerkungen bis hin zu Verbotsschildern – nicht nur an Orten, an denen das Mobiltelefon tatsächlich verboten ist, sondern eben auch an Plätzen, an denen es schlicht und einfach unerwünscht ist.

Nicht nur Ihr Telefonverhalten, sondern auch Ihr **Klingelton** gehört übrigens zu Ihrem Auftreten dazu. Wählen Sie deshalb einen dezenten Ton und lassen Sie keine Polizeisirenen ertönen, denn eine solche Untermalung passt nicht zum seriösen Auftritt. Stellen Sie außerdem alle Geräusche ab, die Ihre Tastatur von sich gibt. So können Sie sicher sein, dass Sie nicht unangenehm auffallen oder andere belästigen.

Handys sind wichtig – am richtigen Ort zur richtigen Zeit

Mobiltelefone können eine wirkliche Erleichterung bedeuten: Sie können hilfreich, unter bestimmten Umständen sogar lebensrettend sein. **Problematisch** wird der Umgang mit diesem Gerät allerdings dann, wenn es nicht angemessen gebraucht wird. Jeder sollte sich darüber im Klaren sein, wo die Benutzung des mobilen Telefons problemlos möglich ist, weil man andere damit nicht belästigt. Und auch, wo es unhöflich, ja sogar rücksichtslos ist. Das ist nämlich immer dann der Fall, wenn andere Personen in unmittelbarer Umgebung durch den Gebrauch des Mobiltelefons in ihrer Konzentrationsfähigkeit gestört oder beim Versuch zu entspannen gehindert werden.

Handy aus- oder stummschalten

Egal, ob Sie Ihr Mobiltelefon lieber stumm- oder ausschalten – sobald Sie nicht abnehmen, wird Ihr Anrufer auf die Mailbox geleitet. Hier hört er eine Ansage, mit der Sie einen baldigen Rückruf ankündigen. Sein Anruf läuft also nicht ins Leere. Daher ist es auch **kein Problem,** wenn Sie Ihr Handy in folgenden Situationen aus- oder zumindest leiser stellen:

- ➔ in Konferenzen, Meetings, Vorträgen, Seminaren und Workshops,
- ➔ beim Vorstellungs- und Kundengespräch,
- ➔ bei Teambesprechungen oder im Gespräch mit Ihrem Vorgesetzten,
- ➔ beim Besuch einer anderen Firma, im Callcenter oder einer Telefonzentrale,
- ➔ in der Kantine, im Restaurant beim Geschäfts- oder Arbeitsessen sowie bei einem Festakt.

In diesen Situationen belästigen Sie nicht nur Ihre Kollegen und Mitarbeiter, sondern Sie entlarven sich selbst: entweder als Angeber, der meint, er müsse mit dem Handy seine Wichtigkeit beweisen. Oder als Workaholic, der zeigen möchte, dass ohne ihn einfach nichts im Job läuft. Aber: Wer **gut organisiert** ist, hat seinen Job so geregelt, dass er eben gerade nicht ständig erreichbar sein muss. In Notsituationen und speziellen Berufen mag es die eine oder andere Ausnahme geben. Aber selbst dann schalten Sie das Handy stumm und stellen den Vibrationsalarm ein. Oder Sie teilen Ihren Kollegen vor dem Gespräch oder dem gemeinsamen Essen mit, dass Sie ausnahmsweise heute mal das Firmenhandy griffbereit haben müssen ...

Wo das Handy verboten oder tabu ist

Verboten ist der Gebrauch eines Mobiltelefons im Flugzeug, an Tankstellen und im Krankenhaus. Hier muss das Gerät abgeschaltet sein! Im Krankenzimmer, in Arztpraxen, bei Beerdigungen und in der Kirche bleibt das Handy bitte stumm oder ebenfalls ganz ausgeschaltet. Gleiches gilt für Freizeitveranstaltungen: Im Theater, Kino oder bei Konzerten und Vorträgen stört ein Handyklingeln extrem. Und während der Autofahrt ist das Telefonieren mit dem Handy nur mit Freisprecheinrichtung erlaubt.

5 Auch im Ausland: Erfolg mit Fingerspitzengefühl

→ Die Regeln der Etikette sind zwar manchmal kompliziert, aber gerade im internationalen Geschäftsleben (über)lebensnotwendig. Respektvoller Umgang miteinander ist hier wichtiger als steife Förmlichkeiten. Da kann es manchmal sinnvoller sein, nicht auf starren Vorschriften zu beharren, sondern mit taktvollem Verhalten eine peinliche Situation zu entschärfen. Stets aber gilt: Je besser Sie sich im Voraus informieren, desto gewandter werden Sie auch Ihre ausländischen Geschäftskontakte meistern.

Die Welt – ein Dorf?

Fettnäpfchen gibt es viele – und Ihnen sollte genau das nicht passieren, was sich beim Besuch des amerikanischen Präsidenten im Februar 2005 in Bratislava zutrug: George W. Bush verstieß grob gegen die europäische Etikette, als er zur Begrüßung seiner slowakischen Gastgeber die Handschuhe nicht auszog. Sogar den First Ladys reichte er die behandschuhten Finger. Die tschechischen Benimmexperten empörten sich darüber – und »comme il faut« war es auch nicht. Doch für den mächtigsten Mann der Welt bleibt so ein Fauxpas natürlich ohne Folgen. Anders ist es allerdings, wenn Sie bei einem Geschäftsbesuch im Ausland in ein Fettnäpfchen treten: Das kann durchaus dazu führen, dass man Sie für ungehobelt und taktlos hält – und dass aus diesem Grund vielleicht sogar Ihre Geschäftsverhandlungen platzen.

Man spricht viel vom »globalen Dorf« – von einer Welt, die im Zeichen der Internationalisierung immer mehr zusammenwächst. Doch gerade weil wir uns alle scheinbar immer näher rücken und in manchen Bereichen zunehmend angleichen, spielen regionale, kulturelle und soziale Unterschiede nun eine ganz besondere Rolle. Für den Besucher eines fremden Landes heißt das: sich kundig machen über Sitten und Gebräuche, um sich entsprechend verhalten zu können und nicht unangenehm aufzufallen.

Wenn Sie ein gern gesehener Gast im Ausland sein möchten – ein Partner, mit dem man gerne Geschäfte macht –, sollten Sie Interesse für Land und Leute zeigen wie auch die Bereitschaft Neues zu lernen und sich anzupassen. Eine Geschäftsreise bereiten Sie am besten sorgfältig vor, indem Sie

- einen Reiseführer lesen und sich mit dem Land, seinen Einwohnern und deren Gewohnheiten vertraut machen.
- ein paar Worte in der Landessprache lernen: »Bitte« und »Danke«, »Entschuldigung«, »Guten Tag« und »Auf Wiedersehen« sind unerlässlich. Damit können Sie bei Ihrem Gastgeber auf jeden Fall »punkten«.
- sich über die Länder informieren, in denen die Firma, die Sie vertreten beziehungsweise besuchen, Niederlassungen und Kunden hat.

Falls Ihr Job Sie sogar für längere Zeit im Ausland halten wird, empfiehlt sich neben einem professionellen Sprachkurs auch die Teilnahme an einem Training, das Ihnen die erforderliche interkulturelle Kompetenz nahe bringt.

Eine gewisse Offenheit für die Mentalität und Kultur Ihrer Geschäftspartner ist allerdings nicht nur bei einer Dienstreise oder einem längeren beruflichen Aufenthalt im Ausland, sondern auch dann angebracht, wenn Sie ausländische Gäste in Ihrem Unternehmen empfangen.

»Kommunikation ist jedes menschliche Verhalten«

Dieser Satz stammt von Paul Watzlawick, der Kommunikation aus psychologischer Sicht definiert. Denn alles, was wir tun, ist Kommunikation: Auch wenn wir schweigen, gestikulieren oder ruhig dastehen und somit – wie wir fälschlicherweise meinen – keine bestimmten Signale aussenden. Kommunikation findet immer statt, wenn

- ➔ einer einem anderen etwas vermitteln will und das in passenden Worten oder auch anderen Zeichen formuliert,
- ➔ ein anderer das in Worten oder Zeichen Mitgeteilte so versteht, wie es in seine Gedanken- und Erlebenswelt passt, und
- ➔ beide davon ausgehen, dass jeder die formulierten Zeichen »richtig« – das heißt: auf die gleiche Art und Weise – verstanden hat.

Manchmal trifft das zu. Doch in der Regel stimmt nicht bis ins Detail überein, was sich der eine beim Formulieren und der andere beim Verstehen gedacht hat. Dann kommt es zu Missverständnissen – schon in unserem eigenen Kulturkreis, umso mehr aber mit Menschen, deren Kultur und Tradition uns fremd sind. Ganz problematisch ist es, wenn wir glauben, eine Kultur sei unserer sehr ähnlich, zum Beispiel in Österreich oder Westeuropa. Da passiert es durchaus, dass wir überhaupt nicht bemerken, dass und welche Unterschiede es gibt. Fehlinterpretationen sind also abzusehen ...

INFO

Interkulturelle Kompetenz – was ist das?

➔ Immer mehr Firmen erwarten von ihren Mitarbeitern, dass sie »interkulturell kompetent« sind: dass sie sowohl die eigene Kultur kennen als auch in der Lage sind, mit Menschen anderer Kulturkreise angemessen zu kommunizieren. Das heißt aber nicht, dass Sie Ihren Charakter und Ihre eigene Kultur verleugnen und sich vollständig anpassen sollen. Sondern vielmehr, dass Sie natürlich bleiben, Fremdes mit Interesse betrachten und sich an die für beide Kulturen geltenden Spielregeln halten.

➔ Übrigens: Nur weil Ihnen die Sprache eines anderen Landes vertraut ist, wissen Sie noch lange nicht über deren kulturelle Besonderheiten Bescheid: Selbst zu Österreich und der deutschsprachigen Schweiz gibt es Unterschiede, die man nicht unterschätzen sollte.

Welche Spielregeln gibt es?

Bei der Vorbereitung internationaler Begegnungen klären Sie am besten einige Punkte bereits im Vorfeld Ihrer Planung:

→ **ZEIT UND ANLASS:** Legt Ihr Geschäftspartner Wert auf Pünktlichkeit? Oder ist in seinem Land eher das Zuspätkommen »normal«? Wie sieht es mit der Tagesordnung aus? Sollte sie strikt befolgt werden oder sind Abweichungen möglich beziehungsweise Usus? Geht es in dem Treffen ausschließlich ums Geschäft oder auch um Privates?

→ **RAUM UND BERÜHRUNG:** Wie viel körperliche Nähe ist angebracht, wie viel Distanz ist nötig? Sind Berührungen kulturell und gesellschaftlich gestattet? Falls ja, welche und zwischen welchen Personen? Auf welche körperlichen Signale sollten Sie besonders achten? Welche Gesten haben möglicherweise beim Geschäftspartner eine andere Bedeutung als bei uns?

→ **RANGORDNUNG:** Wer ist beim Termin anwesend, wer bleibt abwesend? Sind sowohl geschäftliche wie auch private Treffen im jeweiligen Land sehr förmlich und steif? Spielen Status und Hierarchie der Anwesenden eine tragende Rolle? Oder ist es möglich, selbst mit Vorgesetzten eher leger umzugehen? Wird Respekt stillschweigend vorausgesetzt oder finden regelrechte Rituale statt, denen man sich auch als Ausländer zu unterwerfen hat?

→ **GEFÜGE UND OFFENHEIT:** Werden Anweisungen als Befehl geäußert oder eher als Wunsch beziehungsweise Bitte – also eher direkt oder indirekt? Wie sieht es mit Emotionen aus: Sollten Sie sich besser zurückhalten oder müssen Sie sich nicht scheuen, Gefühle zu zeigen?

→ **GLEICHBERECHTIGUNG:** Welchen Status hat der Mann, welchen die Frau – und zwar sowohl im Geschäftsleben als auch im Privaten? Wie verhält man sich in der Öffentlichkeit? Gibt es überhaupt einen öffentlichen Umgang? Falls ja, wie weit können Sie dabei gehen? Und falls Sie selbst der weibliche Part sind: Wie geben Sie sich gegenüber Ihren Gesprächspartnern?

→ **SOZIALE HIERARCHIE:** Ist es wichtig, ob man seinen Status durch die Familie ererbt oder aufgrund eigener Leistung erbracht hat?

Sie sehen: Um sich im gesellschaftlichen und kulturellen Leben des jeweiligen Landes angemessen verhalten zu können, brauchen Sie mehr an Informationen, als nur das Wissen, wann Sie beispielsweise wie viel Trinkgeld geben. Deshalb erhalten Sie hier in Kürze die wichtigsten Informationen zu Europa, dabei ausführlich zu Frankreich, Großbritannien, den Niederlanden und Osteuropa, da hier nach wie vor die meisten Geschäftsbeziehungen zu Deutschland bestehen. Außerdem finden Sie entsprechende Tipps zu den USA, zu Lateinamerika, zum arabisch-islamischen Kulturkreis und zu Fernost.

Clevere Tipps von der Benimm-Expertin:

So meistern Sie jedes Geschäfts- und Arbeitsessen

Um geschäftliche Kontakte zu pflegen oder ein informelles Beratungsgespräch mit Kunden oder Partnern zu führen, bietet sich ein gemeinsames Geschäfts- oder Arbeitsessen an. Hier können Sie das **Image pflegen** – sowohl für sich selbst als auch das Unternehmen. Man speist zusammen und tauscht dabei gegebenenfalls auch Informationen aus – etwa in einer Phase intensiver Geschäftsverhandlungen.

Falls es in Ihrer Firma eine Kantine gibt, in der Sie auch Gäste ansprechend bewirten können, spricht nichts dagegen, hier ein gemeinsames Mittagessen einzunehmen. In anderen Fällen – oder auch am Abend – wählen Sie ein möglichst gut erreichbares Lokal, das Qualität, ein ansprechendes Ambiente und aufmerksamen Service bietet.

Wenn Sie Gast sind ...

Als Gast wissen Sie selbstverständlich, wie Sie sich benehmen: nämlich zurückhaltend und höflich. Sie kennen die **Gepflogenheiten bei Tisch:** Sie stürzen sich nicht auf das teuerste Gericht, weil Sie endlich in den Genuss von Hummer und Kaviar kommen könnten. Und Sie leeren nicht ein Glas edlen Wein nach dem anderen, weil es nichts kostet. Außerdem denken Sie daran:

→ das Handy beim Betreten des Restaurants abzuschalten. Auf gar keinen Fall legen Sie das Mobiltelefon auf den Tisch oder führen lange Gespräche. Der Gastgeber schaltet das Handy als Letzter aus oder zumindest »stumm« – am besten beim Eintreffen der letzten Gäste. Bis dahin sollte er telefonisch erreichbar sein, falls sich ein Gast verspätet oder das Lokal nicht findet.

→ die Serviette auf den Schoß zu legen – und nicht etwa am Hemd- oder Blusenkragen zu befestigen.

→ das Brot zu brechen und nur kleine, mundgerechte Stücke mit Butter zu bestreichen – und keine Stulle zu schmieren, von der Sie genüsslich abbeißen.

→ mit dem Essen erst dann zu beginnen, wenn alle Gäste versorgt sind oder jemand zum vorzeitigen Beginn auffordert.

→ das Besteck von außen nach innen zu benutzen sowie langstielige Gläser im unteren Drittel anzufassen und nicht etwa am Kelch zu umklammern.

→ erst nach dem Dessert zu rauchen – und auch dann selbstverständlich nur mit Erlaubnis Ihres Tischnachbarn!

- sich zu entschuldigen, wenn Ihnen ein Missgeschick passiert – wenn Sie etwas auf den Tisch oder die Garderobe Ihres Nachbarn kleckern. Ein kurzes »Verzeihung« und der Hinweis, dass Sie die Reinigung übernehmen, genügen.

Wenn Sie der Gastgeber sind ...

Geschäftsfrauen laden ebenso zum Essen ein wie ihre männlichen Kollegen. Und sie unterliegen denselben **Gastgeberpflichten:**

- Sie begrüßen Ihre Gäste der Hierarchie entsprechend: »Mitgebrachte« Personen »erben« den Rang ihrer Begleitung. Sie haben die Ehefrau Ihres Geschäftskollegen schon kennengelernt? Dann begrüßen Sie die Ehefrau zuerst. Wenn Sie die Ehefrau noch nicht kennen, begrüßen Sie zuerst Ihren Geschäftskollegen und warten, bis er Sie mit seiner Frau bekannt macht.
- Sie betreten das Restaurant vor Ihren Gästen und halten ihnen die Türe auf. Im Lokal übernehmen zunächst Sie die Führung und wenden sich an das Servicepersonal. Sobald Ihnen der Kellner dann den Weg zu Ihrem Tisch zeigt, lassen Sie Ihre Gäste wieder vor und gehen zuletzt. Am Tisch bleiben Sie stehen, bis Ihre Gäste Platz genommen haben. Übrigens können die Gäste an ihrer Platzierung auch Ihre Wertschätzung erkennen: je näher am Gastgeber, desto höher der Status.
- Bieten Sie Ihren Gästen gleich zu Beginn des Abends einen (alkoholischen) Aperitif an. Falls Sie Weinkenner sind, wählen Sie die Weine zum Essen selbst aus. Sonst lassen Sie sich eine Empfehlung vom Kellner oder Sommelier geben. Zum Essen sollte es immer auch alkoholfreie Getränke geben!
- Sie lassen Ihren Gästen freie Wahl, was sie speisen möchten. In einem Restaurant gehobener Klasse werden alle Speisen eines Ganges etwa zur gleichen Zeit serviert. Erst wenn alle versorgt sind, greifen Sie zum Besteck und geben damit das Zeichen mit dem Essen zu beginnen.
- Nach dem Kaffee können Sie – sofern das nicht schon früher geschehen ist – auf Geschäftliches zu sprechen kommen. Werden dabei kritische Punkte angeschnitten oder hat es den Anschein, dass es länger dauern könnte, dürfen Sie vorschlagen, die Diskussion darüber in das nächste Meeting zu verlegen.
- Nach dem Digestif heben Sie die Tafel auf und bedanken sich bei Ihren Gästen. Machen diese – gerade bei einem Abendessen – keinerlei Anstalten, langsam aufzubrechen, dürfen Sie ruhig etwas deutlicher werden: »Darf ich Ihnen noch ein letztes Getränk anbieten?«
- Die Rechnung bezahlen Sie nicht am Tisch im Kreis der Gäste, sondern gehen zum Oberkellner. Hier können Sie alle Posten in Ruhe kontrollieren, ohne pedantisch zu wirken. Den Rechnungsbetrag begleichen Sie mit der Kreditkarte, das Trinkgeld (fünf bis zehn Prozent) sollten Sie möglichst bar dazulegen.

Nord-, West- und Mitteleuropa

Der Umgang mit unseren nächsten oder zumindest nahen Nachbarn kann so schwer ja nicht sein, mögen Sie vielleicht denken. Das stimmt nur bedingt, denn ein paar Besonderheiten gibt es schon – vor allem in Ländern mit einer Monarchie. Hier bedarf es besonderen Fingerspitzengefühls!

Länder mit Monarchie

In Ländern, in denen das Staatsoberhaupt aus einer königlichen oder fürstlichen Familie stammt, folgt man bei Veranstaltungen auf gesellschaftlichem Parkett dem offiziellen Protokoll des Hofes – zumindest wenn Personen aus dem Herrscherhaus anwesend sind. In Monarchien ordnet das Protokoll die Gäste nach der Rangordnung der ererbten Adelstitel – in Republiken dagegen richtet sich die protokollarische Rangordnung nach dem erworbenen Status.

Keine Sorge: Falls Sie eine Einladung zu einer solchen Veranstaltung erhalten, werden Sie bis ins kleinste Detail mit dem offiziellen Prozedere vertraut gemacht. Beim Aufenthalt in einer Monarchie ist vor allem beim Smalltalk Taktgefühl angebracht: Hüten Sie sich beispielsweise davor, in Großbritannien oder Monaco nach den neuesten Skandalen aus den Adelshäusern zu fragen. Es geht Sie als »Republikaner« auch nichts an, woher die Königin ihre Gelder bekommt oder wofür der Fürst von Monaco seine Apanage ausgibt.

Finnland, Dänemark, Schweden und Norwegen

Das Geschäftsleben in Skandinavien ist weniger streng organisiert als unseres – nur die Finnen bilden in manchen Punkten eine Ausnahme:

1. Bis auf Finnland können Sie in Skandinavien auf den Gebrauch akademischer Titel sowie reiner Firmentitel verzichten. Finnen dagegen sind sehr förmlich, was die Anrede und die Grade und Titel betrifft. Seien Sie hier lieber ein bisschen zu korrekt. Insgesamt legt man in Skandinavien nicht so viel Wert auf strenge Hierarchien – vor allem in kleinen und mittelständischen Firmen nicht. In Großunternehmen hingegen – besonders in Schweden und Finnland – geht es eher wie bei uns zu.

2. In Nordeuropa wird sehr gut Englisch gesprochen, in Schweden oft sogar Deutsch – Sie brauchen also nicht unbedingt die Landessprache zu beherrschen. Aber natürlich machen Sie damit immer einen guten Eindruck.
3. Die Gleichberechtigung ist in skandinavischen Ländern allgemein eher üblich als bei uns: Frauen haben es leichter, in leitende Positionen zu kommen, in Norwegen sind Frauen in Führungspositionen sogar der Normalfall.
4. Wenn Ihr Ansprech- und Verhandlungspartner weiblich ist, denken Sie bei der Begrüßung daran, dass es das Recht der Dame ist, Ihnen zuerst die Hand zu reichen – wenn sie denn einen Händedruck möchte …
5. Auf Pünktlichkeit wird sehr viel Wert gelegt – vor allem bei geschäftlichen Treffen. Allerdings gibt es kaum Termine nach Büroschluss.
6. Die Finnen kleiden sich etwas förmlicher als deutsche Geschäftsleute – im restlichen Skandinavien ist zwar auch hochwertige Freizeitkleidung im Büro erlaubt, bei gesellschaftlichen Anlässen wird aber offizielle Kleidung erwartet.
7. Beim Smalltalk lassen Sie sich in Dänemark und Norwegen lieber nicht auf Diskussionen über die europäische Integration ein. In Finnland kommen Sie besser nicht auf den Umweltschutz zu sprechen. Und sowohl in Finnland als auch in Norwegen meiden Sie das Thema Alkohol.
8. Schwitzen verbindet: Mit einer Einladung in die Sauna zeigen die Finnen Ihre Wertschätzung. Auch wenn Sie kein Saunafreund sind, nehmen Sie die Einladung an, wenn Sie Ihren Geschäftspartner nicht brüskieren wollen.

Großbritannien und Nordirland

1. Britische Höflichkeit erfordert immer etwas Distanz – Briten bevorzugen ein gewisses Maß an Körperabstand. Deshalb: Reichen Sie einem Briten nie von sich aus die Hand! Halten Sie etwas Abstand, mindestens eine Armlänge. Bei aller Zurückhaltung und Wahrung der Form können die Briten jedoch auch sehr zwanglos sein. Für die Begrüßung reicht ein: »How do you do?« Dies ist lediglich eine Begrüßungsfloskel und wird mit der gleichen Gegenfrage beantwortet – oder überhaupt nicht.
2. Auch im Gespräch spielt Höflichkeit ein große Rolle: Wichtig ist es, gut zuzuhören, den Gesprächspartner nicht zu unterbrechen und zahlreiche Floskeln wie »sorry«, »please«, »thank you« oder »you are welcome« einzubauen. Die Formulierungen sind selten direkt, eher eine zurückhaltende Umschreibung.
3. Für den Smalltalk sollten Sie wissen, dass die Europäische Union durchaus ein Reizthema sein kann. Viele Briten fühlen sich nicht wie Europäer und sind deshalb kaum daran interessiert. Hüten Sie sich außerdem davor, Schotten, Waliser oder (Nord-)Iren als Engländer zu bezeichnen!

INFO

Zu spät oder zu früh?

In geschäftlichen Belangen müssen Sie in Großbritannien pünktlich sein – etwas anders sieht es im halboffiziellen und privaten Bereich aus:

- → Das Business-Frühstück findet zwischen 8:00 und 9:30 Uhr statt – und hier kommen Sie bitte pünktlich.
- → Beim Brunch gegen 11:00 Uhr entscheiden Sie selbst, wann Sie eintreffen.
- → Zum »Drink vor dem Essen« lädt man zwischen 12:00 und 13:30 Uhr. Hier ist Pünktlichkeit erwünscht, nur ein paar Minuten später sind erlaubt.
- → Zum Lunch kommen Sie ein paar Minuten früher. Vor allem dann, wenn Sie auf der Einladung den Zusatz finden: »Drinks at 12:30 or 12:45«. Dann erscheinen Sie bereits zur angegebenen Aperitif-Zeit.
- → Die »Tea Time« findet etwa zur selben Zeit statt wie in Deutschland die Kaffeetafel, also am Nachmittag, etwa zwischen 15:45 und 16:30 Uhr. Bei privaten Einladungen kommen Sie bitte etwa zehn Minuten »zu spät«.
- → Das Dinner findet normalerweise zwischen 19:45 und 21 Uhr statt, meist um 20 Uhr. Ein zu frühes Erscheinen gilt als unhöflich, mehr als 15 Minuten dürfen Sie sich jedoch nicht verspäten. Die Angabe »8 for 8:30 p. m.« besagt, dass ab 20 Uhr Einlass ist, das Essen aber eine halbe Stunde später beginnt.
- → Auf einen späten Drink trifft man sich beispielsweise nach dem Theater. Heißt es in der Einladung 22 Uhr, sollten Sie bis spätestens 23 Uhr erscheinen.

4 Die Tischmanieren haben in England große Bedeutung und dienen als Unterscheidungskriterium zwischen »upper class« und »common people«. Sie brauchen aber keinesfalls die besondere britische Art zu essen nachzuahmen. Gebildete Briten erkennen durchaus die kontinentale Weise des Umgangs mit dem Besteck als korrekt an. Die wesentlichen Unterschiede bestehen in der Handhabung von Löffel und Gabel: Briten halten die Gabel ausschließlich mit dem Gabelrücken nach oben, wobei alle Speisen in die Zinken gedrückt oder aufgespießt werden. Ihr Löffel hat eine rundere Form, als wir es gewohnt sind, und darf nur seitlich an den Mund geführt werden, nicht aber im Mund verschwinden.

5 In Großbritannien hat jede Veranstaltungen eine eigene Kleiderordnung, die Sie rechtzeitig in Erfahrung bringen sollten – sofern kein Vermerk in der Einladung vorhanden. Für alle offiziellen Abendveranstaltungen ist der Smoking (»black tie«) Vorschrift (→ »Wie Sie sich perfekt festlich kleiden«, Seite 64).

Niederlande

Die in den Niederlanden übliche Direktheit in der Ansprache ist für uns manchmal gewöhnungsbedürftig. Ebenfalls ungewohnt: langwierige Verhandlungen, an deren Ende ein Konsens erreicht werden oder eine Entscheidung stehen soll – das braucht seine Zeit …

1. Zu Besprechungen erscheinen Sie nicht mit einer Liste oder Agenda: Das kann den Eindruck erwecken, Sie wollten Ihrem Gegenüber Ihre eigene Position oder Zielvorgabe überstülpen.
2. Zuspätkommen kann als Zeichen mangelnder Kompetenz und unzureichender Verlässlichkeit ausgelegt werden.
3. Auf Titel legt man keinen Wert, sondern bietet Ihnen wahrscheinlich schnell das »Du« an – dies ist allerdings Usus und kein besonderer Vertrauensbeweis.
4. Es gibt in den Niederlanden fast ausschließlich sehr flache Geschäftshierarchien.
5. Die niederländische Business-Kleidung ist eher konservativ – halten Sie sich am besten an den Dresscode, dann können Sie nichts falsch machen!
6. Denken Sie beim Smalltalk daran, dass viele Niederländer – historisch bedingt – noch immer Vorbehalte gegen Deutsche haben.
7. Beachten Sie, dass Holland und die Niederlande nicht dasselbe sind: Sprechen Sie deshalb stets von »den Niederlanden« und den »Niederländern« – auch wenn in den Niederlanden hauptsächlich Holländer leben.
8. Tischsitten: Bei der Rechnung zahlen Niederländer grundsätzlich getrennt!

Frankreich

Geschäftliche Begegnungen verlaufen hier oft überaus förmlich. Strenge hierarchische Strukturen in den Unternehmen und ein starkes Autoritätsdenken können Entscheidungen lange hinziehen. Um Vertrauen und eine gute Verhandlungsbasis zu schaffen, sollten Sie sich möglichst gut in die jeweilige Struktur einfügen.

1. Geschäftsessen finden stets in einem Restaurant statt und können mehrere Stunden dauern. Kurze Zusammenkünfte gibt es allerdings auch: »l'apéritif« und »le café«. Sind Sie zum Aperitif – meist abends – eingeladen, verabschieden Sie sich vor dem Essen wieder. Werden Sie zum Kaffee gebeten, kommen Sie mittags nach dem Essen.
2. In Frankreich stellt man sich mit Vor- und Nachnamen vor. Werden Fremde miteinander bekannt gemacht, antworten Frauen und Männer mit dem Tagesgruß: Sprechen Sie eine Frau mit »Madame« und einen Mann mit »Monsieur« an. Es wäre ein Fauxpas, mit einem saloppen »Messieurs-Dames« ein Meeting zu

- Im Job richtet sich alles nach dieser Hierarchie: So hat der höchstrangige Mitarbeiter immer Vortritt, der Rest folgt entsprechend seiner Position.
- Beachten Sie die offizielle Rangfolge auch bei Trinksprüchen!
- Gegenüber Frauen verhält man sich in Polen überaus höflich. Aber es gibt bisher wenige Polinnen in Führungspositionen. Wenn Sie als Geschäftsfrau akzeptiert werden wollen, müssen Ihr Benehmen und Ihre Erscheinung deshalb äußerst professionell sein.
- Zwar schmückt man sich in Polen als Statussymbol gerne mit einem wertvollen Zeitmesser, dennoch ist ein wenig Unpünktlichkeit en vogue. Das gilt zumindest im Geschäftsleben. Bei der Einladung in einen Privathaushalt dagegen sind Sie besser pünktlich und zollen damit der Gastgeberin Respekt.
- Die Business-Kleidung ist konservativ, Jeans sind bei offiziellen oder geschäftlichen Anlässen undenkbar. Auch bei Einladungen in ein Privathaus kleiden Sie besser sich nicht zu leger!
- Geschäftliche Mittagessen sind unüblich. In Polen trifft man sich zwischen 16 und 18 Uhr zu einer recht üppigen Mahlzeit – danach ist der Businesstag dann beendet.
- Starker Alkoholkonsum ist in Polen nichts Außergewöhnliches. Vorsicht: Frauen sind dabei nicht geladen, denn von alters her trinken nur Männer miteinander. Lassen Sie also einen männlichen Kollegen zu solchen Zusammenkünften gehen, der die Firmeninteressen vertritt. Übrigens gilt auch für ihn: Er muss nicht jede Trinkrunde durchstehen. Polen wissen und billigen, dass andere mit ihren Trinksitten nicht klarkommen.
- Beim Smalltalk sprechen Sie am besten über Kultur oder Privates, wie zum Beispiel die Familie. Ein Tabuthema ist der Zweite Weltkrieg!

5 In Russland sind persönliche Beziehungen die Voraussetzung für Geschäfte. Kündigen Sie bei einem Treffen alle Gesprächsteilnehmer schon im Vorhinein an und bringen Sie tatsächlich nur jene mit.

- Zu geschäftlichen Verabredungen nicht pünktlich zu erscheinen gilt als Fauxpas. Allerdings gilt in der russischen Föderation auch Eile als unhöflich. Es empfiehlt sich daher, für Verhandlungen langfristige Termine anzusetzen.
- Der Handschlag ersetzt oft einen schriftlichen Vertrag. Mündliche Zusagen sind stets verbindlich und müssen daher unbedingt eingehalten werden.
- Vorsicht: Auch nur so dahingesagte Versprechen gegenüber Tischnachbarn in gemütlicher Runde werden für bindend gehalten.
- Ihre Business-Kleidung sollte überaus korrekt und konservativ sein.
- Beim Smalltalk meiden Sie Themen der jüngeren Vergangenheit und hierbei besonders die russische Mafia. Besser ist es, über russische Kultur und Kunst, etwa Musik und Literatur, aber auch über Land und Leute zu sprechen.

→ Vor allem die Trinksitten in Russland sind gewöhnungsbedürftig: In größerer Runde gibt es meist einen Tischvorsitzenden, dessen Privileg es ist, mit einem Trinkspruch als Erster das Glas zu erheben und auf das Wohl der Gäste zu trinken. Danach schließen sich Gastgeber und Gäste – jeweils im Wechsel – mit einem Toast an. Erfolgt der übliche Trinkspruch auf das Wohl der anwesenden schönen Frauen, haben sich dazu alle Herren zu erheben. Es ist vollkommen tabu, ohne Toast zu trinken. Einen Trinkspruch auf Geschäftliches auszubringen, wie es im Westen üblich ist, gilt als kulturlos und sollte daher besser unterbleiben!

Amerika von Nord bis Süd

Für Europäer ist es gerade in Südamerika oft schwer, sich zurechtzufinden. Doch auch in den USA gibt es Besonderheiten: Während es dort auf den ersten Blick viele Gemeinsamkeiten mit den deutschen wie auch den europäischen Geschäftsgebaren zu geben scheint, zeigen sich beim näheren Hinsehen gravierende Unterschiede, die leicht zur Benimm-Falle werden können.

Die USA

1. Vergessen Sie bei geschäftlichen Verhandlungen nie die uramerikanische Devise: »Time is money.« Das geht sogar so weit, dass es durchaus schon bei einer ersten Konferenz zum Abschluss eines Vertrags kommen kann. Seien Sie daher auch beim ersten Treffen auf alle Eventualitäten gefasst und entsprechend vorbereitet!
2. Im Geschäftsleben treten Herren meist im Anzug auf, die Kombination ist eher ungewöhnlich. Hüten Sie sich vor Jeans und Freizeitkleidung im Job, nur weil Sie etwas vom »Casual Friday« gehört haben.
3. In eleganten Hotels und gehobenen Restaurants sollten Herren ein Jackett tragen. Wer Jeans anhat, dem wird in dieser Aufmachung in manchen Häusern (vor allem an der Ostküste) beispielsweise sogar der Zugang zum Frühstücksraum nicht gestattet.
4. In den USA sind auch Frauen in Männerberufen akzeptiert. Dennoch bewegen Sie sich als Geschäftsfrau meist in einer reinen Männerwelt.
5. Frauen mit unbestrumpften, gar unrasierten Beinen sind undenkbar – und auch unrasierte Achseln sind einfach ein Ding der Unmöglichkeit.
6. Mit einem Dreitagebart werden Sie automatisch als Europäer erkannt.

7 Wenn Sie jemanden sehen, grüßen Sie – und zwar ohne darauf zu achten, auf welcher Hierarchiestufe derjenige steht. Dem Gruß schließt sich das »How are you?« an, darauf antworten Sie mit »Fine, thanks« – niemand möchte danach ein längeres Gespräch führen oder erwartet es von Ihnen.
8 Ob Sie sich selbst oder andere vorstellen: Nennen Sie stets den vollständigen Namen. Selbst wenn Ihr Geschäftspartner das anders handhabt und sich nur mit »I am Bill« vorstellt: Das ist nicht gleichzusetzen mit unserem Duzen.
9 Smalltalk ist gerade in den USA überlebenswichtig. Seien Sie aber vorsichtig: Niemand ist beim Smalltalk an tiefer gehenden Diskussionen oder privaten Details interessiert.
10 Im Restaurant warten Sie, bis Sie platziert werden. Wer einlädt, zahlt: Die Rechnung kommt ohne Aufforderung, denn langes Verweilen nach dem Essen ist in den USA unüblich.
11 Bei den Tischsitten gibt es Ausnahmen von der deutschen Etikette, die Sie kennen sollten – aber nicht unbedingt nachahmen müssen: Bei Fleischgerichten schneidet man einige Bissen ab, deponiert das Messer dann oben am rechten Tellerrand und wechselt die Gabel von der linken in die rechte Hand. Nun spießt man die Stücke auf und isst. Dabei liegt die linke Hand locker auf dem Schoß. Auch mit der Serviette geht man anders um: Man legt sie nach Gebrauch auf den Sitz und nicht links neben den Teller.
12 Soft Drinks werden stets mit viel Eis serviert und sind – genauso wie Kaffee – durchaus als Getränke zu einem eleganten Essen üblich.

Lateinamerika

Die Unterschiede zwischen den einzelnen Ländern sind groß – hier finden Sie die wichtigsten Besonderheiten, die für ganz Lateinamerika gelten:

1 In ganz Südamerika wird Spanisch gesprochen – lediglich in Surinam Niederländisch und in Brasilien Portugiesisch. Doch auch dort kann man sich mit Spanisch oder »Portañol« – einem Mix aus Spanisch und Portugiesisch – gut verständigen. Im Geschäftsleben wird außerdem zunehmend Englisch gesprochen.
2 In Südamerika sollte Ihr Status immer sichtbar sein: an Ihrem Outfit, an dem Hotel, in dem Sie absteigen, an den Titeln, die Sie führen – und mit denen Sie nicht hinterm Berg halten! Denn: je höher Ihr Status, desto höher die Anerkennung und die Unterstützung durch Ihre Geschäftspartner.
3 In südamerikanischen Ländern wird im Business und in Ämtern viel über persönliche Beziehungen abgewickelt. Gerade bei Behörden haben Sie ohne einheimische Mittelsleute keine guten Karten. Und auch bei geschäftlichen Verhandlungen hängt der Erfolg vom Verhältnis der beteiligten Personen zueinander ab.

4 In Lateinamerika gilt: »Geduld ist Geld.« Rechnen Sie deshalb nicht mit schnellen Entscheidungen, sondern eher mit langwierigen Verhandlungen, die sich über viele Entscheidungsträger erstrecken können.

5 Sie müssen nicht allzu pünktlich sein. Aber man weiß, dass in Deutschland Pünktlichkeit zu den guten Manieren gehört und wird sie daher von Ihnen auch eher erwarten als von einem südamerikanischen Geschäftspartner.

6 Körperkontakt zwischen Männern ist der Normalfall – auch im Business. Wundern Sie sich also nicht, wenn Sie während eines Gesprächs immer mal wieder von Ihrem Gegenüber berührt werden. Und was die Begrüßung betrifft: Beim ersten Meeting belässt man es vielleicht noch bei einem Handschlag, doch danach ist es nicht ungewöhnlich, wenn selbst Männern sich umarmen. Frauen küssen sich auf die Wange. Selbst wenn es ungewohnt ist, sollten Sie nicht ausweichen: Sie würden sonst Ihr Gegenüber schwer brüskieren!

7 Männer erscheinen zu einer geschäftlichen Verabredung im dunklen oder grauen Anzug, das Jackett wird nicht abgelegt. Je höher die jeweilige Position ist, desto vollständiger ist das Outfit – also auch mit Weste – und desto besser ist auch die Qualität des Anzugs. Frauen kleiden sich gepflegt-konservativ bis elegant und bevorzugen weibliche Schnitte und Kostüme.

8 Zum Geschäftsessen werden stets auch die Lebenspartner eingeladen. Es gelten die europäischen Tischsitten – allerdings nicht ganz so streng. Zunächst einmal ist ein Geschäftsessen eine gesellige Veranstaltung – wenn Sie über geschäftliche Belange sprechen wollen, warten Sie damit bis zum Kaffee.

9 Sie haben zum Essen eingeladen? Dennoch werden Sie Probleme haben, sich bei Ihren südamerikanischen Geschäftspartnern durchzusetzen und die Rechnung auch zu bekommen. Vor allem als Frau! Am besten ist es, Sie klären vorher mit dem Restaurantchef ab, dass Sie die Einladung ausgesprochen haben und deshalb zahlen. Und wenn Sie Ihre Partner ins Hotelrestaurant einladen, sorgen Sie dafür, dass die Rechnung auf Ihr Zimmer geschrieben wird.

Der Nahe und der Ferne Osten

Sowohl die Geschäftsreise in ein arabisch-islamisches Land als auch der Umgang mit chinesischen oder japanischen Geschäftspartnern birgt ihre besonderen Tücken – für jeden Europäer eine wirkliche Herausforderung! Doch mit Hilfe der folgenden Tipps werden Sie alle Fettnäpfchen elegant umgehen und sich in jeder Situation gekonnt verhalten.

Clevere Tipps von der Benimm-Expertin:

Auf die Details kommt es an: Gäste im Betrieb

Geht es um einen neuen Auftrag? Oder um Vertragsverhandlungen? Gleichgültig, um was für einen Termin es sich handelt, sicher wollen Sie einen besonders guten Eindruck hinterlassen.

Entscheidend für den Erfolg des Meetings ist, dass sich Ihre Gäste **wohlfühlen.** Die ersten Pluspunkte können Sie bei Ihrem Geschäftspartner bereits vor dem Treffen sammeln: indem Sie den Termin kurz per E-Mail oder Brief bestätigen und alle wichtigen Punkte noch einmal aufführen. So hat der Gast die Eckdaten schwarz auf weiß. Dazu gehören Datum und Uhrzeit, die voraussichtliche Dauer des Treffens, die Agenda für das Meeting, – wenn nötig – eine Hotelreservierung für die Gäste sowie eine Anfahrtsskizze.

Der Konferenzraum

Sie haben in Ihrer Firma mehrere Meetingräume? Dann **reservieren** Sie, sobald das Datum der Besprechung feststeht, den am **besten geeigneten Raum.** Im Sommer sollte er sich nicht zu sehr aufheizen oder aber eine Klimaanlage haben – dann werden die Vertragsverhandlungen in einer angenehmen Atmosphäre verlaufen und kommen so eher erfolgreich zum Ziel. Am Tag vor dem Meeting – oder auch erst am Besprechungstag, wenn es nicht anders möglich ist – muss der Raum vorbereitet werden. Selbst wenn Sie das nicht selbst übernehmen: Vergewissern Sie sich, dass alles in Ordnung ist. Checken Sie bitte am Tag des Meetings auch den Waschraum: Nichts ist peinlicher, als wenn ein Gast eine unsaubere Toilette vorfindet oder dort Handtuch, Seife oder gar Papier fehlen!

Was Sie an Utensilien brauchen

Stellen Sie alles bereit, was Sie für den Ablauf der Konferenz benötigen:

→ Gläser, Tassen und Untertassen, Teller und Geschirr

→ Firmeneigene Blöcke und Stifte für einen besonders positiven Eindruck

→ Technik: Beamer, Flipchart, Pinnwand oder/und Moderatorenkoffer

→ Steckdosen und Verlängerungskabel für die Notebooks

→ Internet: Wenn es in Ihrem Gebäude W-LAN gibt, merken Sie sich die notwendigen Daten zum Einloggen. Falls nicht, sorgen Sie dafür, dass der firmeneigene Netzwerkadministrator zur Verfügung steht.

Snacks oder Restaurant?

Selbst bei einem kurzen Meeting sorgen Sie für Verpflegung: Mineralwasser und Säfte sowie kleine Snacks (das können auch nur ein paar hübsch angerichtete Kekse sein) sollten **immer** angeboten werden. Alternativen sind zum Beispiel eine Schale mit frischem Obst, eine Rohkostplatte mit verschiedenen Dips, kleine Quiches oder Fingerfood-Häppchen. Das alles können Sie ruhig nur mit einem kleinen Teller und einer Serviette bereitstellen. Wichtig ist, dass sich alles problemlos mit den Fingern nehmen lässt. Kurz bevor Ihre Gäste erscheinen, stellen Sie Kaffee und Teewasser bereit, in Thermoskannen, die ansehnlich sind. Für Teetrinker richten Sie ein Schälchen Teebeutel mit unterschiedlichen Sorten her. Milch oder Kaffeesahne sind selbstverständlich frisch!

Wenn dagegen geplant ist, nach oder während des Meetings ein **Restaurant** zu besuchen, reservieren Sie dort rechtzeitig. Bitten Sie um einen ruhigen Tisch, vielleicht sogar in einem Nebenraum.

Extras für die Raucher: Normalerweise ist der blaue Dunst während des Meetings verpönt – aus **Rücksicht** auf alle Nichtraucher. Stellen Sie aber Aschenbecher in den Vorraum oder in den Flur, und weisen Sie Ihre Gäste darauf hin.

So empfangen Sie Ihre Gäste

→ Falls Sie einen Empfangsbereich haben, informieren Sie den Mitarbeiter dort über Ihren Besuch. Es macht einen guten Eindruck, wenn Ihr Besucher nur seinen Namen zu nennen braucht und der Empfang direkt weiß, von wem der Gast erwartet wird und Sie sogleich verständigen kann.

→ Sie gehen Ihrem Gast entgegen und holen ihn am Empfang ab. Das zeigt Ihre Wertschätzung. Außerdem haben Sie so die Gelegenheit, ihn auf dem Weg zum Meetingraum auf wichtige Gegebenheiten Ihres Unternehmens hinzuweisen.

→ Sie empfangen einen Gast, also sind Sie Gastgeber – mit allen Rechten und Pflichten, die sich dabei ergeben: Sie begrüßen Ihre Gäste und reichen ihnen die Hand.

→ Wichtig: Informieren Sie Ihre Kollegen und Mitarbeiter! Vor allem, wenn Sie einen Rundgang im Betrieb planen. So vermeiden Sie unangenehme Störungen oder unangemessene Bekleidung.

→ In den meisten Fällen gibt es bei Besprechungen keine strenge Sitzordnung. Selbstverständlich lassen Sie Ihren Gast einen Platz wählen und nehmen – je nach Tischform und Gruppengröße – neben ihm oder ihm gegenüber Platz.

→ Ist das Treffen zu Ende, bringen Sie Ihre Gäste wieder zum Empfang. Benötigen sie ein oder mehrere Taxen, lassen Sie diese vom Empfang bestellen. Sie bleiben bei Ihren Besuchern, bis der Wagen vorfährt – das ist die Gelegenheit, sich noch einmal für das Gespräch zu bedanken und noch ein wenig Smalltalk zu betreiben, um Ihren Gästen einen letzten guten Eindruck zu hinterlassen.

Arabisch-islamische Staaten

Die Unterschiede der etwa 35 Länder mit hohem Anteil an muslimischer Bevölkerung sind sehr vielfältig. Deutsche Firmen haben vor allem regen Kontakt zu den sogenannten Golfstaaten. Vor einer Reise sollten Sie immer bedenken: Während Moslems sich in Deutschland weitgehend weltoffen und liberal geben, unterwerfen sich Muslime, die in ihrer Heimat leben, viel stärker den religiösen und gesellschaftlichen Traditionen. Beherzigen Sie daher bei einem Aufenthalt in einem arabisch-islamischen Land folgende Hinweise:

1. Nähern Sie sich dieser Kultur lieber mit Zurückhaltung und hüten Sie sich vor zu schnellen Beurteilungen und Wertungen. Bezeichnen Sie Moslems oder Muslime und Musliminnen niemals als »Mohammedaner«!
2. Pünktlichkeit ist keine Tugend an sich, wird jedoch bei westlichen Geschäftspartnern vorausgesetzt. Verhandlungen ziehen sich so lange hin, bis eine gute persönliche Beziehung zwischen den Gesprächspartnern besteht. Interpretieren Sie das nicht als Zeitverlust, sondern als Chance! Haben Sie diesen Status einmal erreicht, steht einer guten Geschäftsbeziehung nichts mehr im Weg.
3. Halten Sie sich bei Besuchen und Anrufen an die ortsüblichen Geschäftszeiten. Und denken Sie beim Terminvorschlag für ein Geschäftstreffen daran, dass das Wochenende wegen des freien Freitags oft schon am Donnerstag beginnt.
4. Hüten Sie sich als »Ungläubiger« davor, den islamischen Friedensgruß »As-Salam'alaykum« (»Friede sei mit euch!«) zu gebrauchen. Auch die Antwort »Alaykum as-Salam« (»Mit euch sei Friede!«) ist für Ausländer fehl am Platz. Während Muslime sich mit Umarmung und Wangenküssen begrüßen, sollten Sie das mit einem Handschlag tun.
5. Islamischen Frauen gegenüber halten Sie sich weitestgehend zurück: Bei Geschäftsfrauen warten Sie ab, ob sie Ihnen die Hand zur Begrüßung reichen möchten. Grundsätzlich ist in arabischen Staaten das Ansprechen oder der Körperkontakt zwischen den Geschlechtern im öffentlichen Raum nicht geduldet. In manchen Ländern sollten Sie es sogar vermeiden, eine Frau auf der Straße auch nur anzublicken!
6. Ausländerinnen werden in arabisch-islamischen Ländern als ebenbürtige Verhandlungspartnerinnen geachtet. Halten Sie sich als Frau dennoch an die Maxime: lieber behutsam als zu forsch vorgehen!
7. Achten Sie auf Ihre Körpersprache: Halten Sie sich gerade – Autorität zeigt sich in der islamischen Welt durch ein gerades Rückgrat. Halten Sie Ihre Gesten klein: Mit dem Finger auf eine Person zu deuten, kann als Angriff missverstanden werden. Beim Überschlagen der Beine die Fußspitze auf eine Person zu richten oder die Fußsohle zu zeigen, ist ungehörig!

8 Smalltalk kann sich – im Gegensatz zu Europa – durchaus um Religion drehen. Nutzen Sie die Chance und stellen Sie alle Fragen, die Sie schon immer interessiert haben. Selbstverständlich ohne Kritik!

- → Auch Schweigen gehört bei Moslems zur Unterhaltung dazu, Pausen sollten Sie daher respektieren – auch in geschäftlichen Verhandlungen.
- → Die Frage »Wie geht es Ihnen?« beantworten Sie stets positiv – und stellen sie auch selbst. Stellen Sie keine Fragen, von denen Sie annehmen müssen, dass Ihr Gesprächspartner darauf nicht antworten kann. Unwissenheit zugeben zu müssen wäre für ihn ein Gesichtsverlust.
- → Fragen Sie Männer niemals direkt nach den Frauen der Familie, sondern warten Sie ab, bis sie selbst darauf zu sprechen kommen. Reden Sie grundsätzlich besser nicht über das andere Geschlecht. Rechnen Sie aber damit, dass Sie über die Anzahl Ihrer Kinder Auskunft geben müssen. Für gläubige Muslime, die sich als Glied einer genealogischen Kette verstehen, sind Singles und gewollte Kinderlosigkeit unverständlich.

9 Geschäfte werden traditionell lieber mit Bekannten oder Freunden gemacht. Sie sind gut beraten, wenn Sie von einem Mittelsmann eingeführt und begleitet werden. Wählen Sie diese Person sorgfältig aus: Von ihr wird unmittelbar auf Sie – also auf Ihr Ansehen und auf Ihren untadeligen Ruf – geschlossen. Auch bei Konflikten sollten Sie einen Mittler einschalten, denn offene Konflikte sind unerwünscht.

- → Versuchen Sie bei schwierigen Verhandlungen nicht, bisherige Gesprächspartner zu übergehen und auf eine höhere Ebene vorzustoßen – das wäre das Ende aller Gespräche! Besser, Sie bereiten Unterlagen vor, die Ihre Mittelsperson an die in der Hierarchie Höherstehenden weitergeben kann.
- → Feilschen ist in orientalischen Kulturen in allen Bereichen des Geschäftslebens wichtig – nicht nur auf dem Bazar.

10 Zurückhaltung wird im Orient zwar geschätzt – halten Sie sich aber nicht zurück, wenn Ihnen ein Geschäfts-

TIPP

Der Fastenmonat Ramadan

→ Fasten ist eine der fünf Säulen des Islam. Während des Fastenmonats (etwa der 9. Monat im Jahr) ist das öffentliche Leben wie auch die Arbeitsfähigkeit in vielen muslimischen Staaten verändert. Da Muslime während dieser Zeit nur zwischen Sonnenuntergang und Morgengrauen essen, trinken und rauchen dürfen, sollten Sie als Nicht-Gläubiger dies in deren Beisein ebenfalls nicht tun. Es könnte als Beleidigung aufgefasst werden.

partner seine Gastfreundschaft anbietet. Laden Sie je nach der Vorleistung der Partner im Gegenzug in ein nobles Restaurant ein. Da der eine oder andere Gast möglicherweise einen Verwandten oder Freund mitbringt, entscheiden Sie sich am besten für Speisen am Büfett.

- → Schweinefleisch und Alkohol sind für Muslime im Prinzip tabu. Je westlicher ein Muslim lebt, desto eher wird er das eine oder das andere zu sich nehmen.
- → Bieten Sie Ihren Gästen auch bei bereits erfolgter Ablehnung nochmals Speisen und Getränke an.
- → Wundern Sie sich nicht, wenn Ihre Gäste Sie unmittelbar nach dem Essen verlassen: Nach dem Kaffee bricht man üblicherweise auf.

11 Als westlicher Besucher tragen Sie lange Hosen und ein langärmeliges Hemd, bei Geschäftstreffen außerdem stets Sakko und Krawatte. Freizeitkleidung oder zu auffällige Kleidung ist nicht angebracht! Als Frau wählen Sie eine dezente Kleidung in gedeckten Farben, die Ihre Figur kaschiert. Arme, Schultern und Knie bleiben bedeckt, längere Röcke sind besser als Hosen. Kopftuch oder Schleier tragen Sie als Ausländerin nur auf Wunsch des Gastgebers.

- → Eine Tradition besagt, dass ein Muslim keine Kleidungsstücke tragen darf, die von Nicht-Muslimen verwendet werden. Vor allem bei wichtigen Anlässen halten sich auch heute noch viele Araber daran. Das traditionelle Kleidungsstück in arabisch-muslimischen Ländern ist daher das lange Gewand. Es ist jedoch absolut unpassend, wenn Sie als Besucher diese Kleidung zu imitieren versuchen.

Fernost

Der sogenannte »Ferne Osten« umfasst sehr unterschiedliche Gebiete und Kulturen: Teilweise ähneln sich die einzelnen Länder, teilweise unterscheiden sie sich aber auch ganz wesentlich – vor allem in Details. Diese sollten Sie besser kennen, sonst kann es Ihnen als »Langnase« aus dem Westen schnell passieren, dass Sie unhöflich, ungeduldig, eigennützig oder wenig aufgeschlossen wirken. Beweisen Sie das Gegenteil!

1 Erweisen Sie Ihrem Gegenüber Respekt, so wird auch Ihnen Respekt entgegengebracht. Das gilt überall in Fernost – und in Ostasien ganz besonders.

2 Wenn Sie Ihrem Gastgeber kleine Geschenke mitbringen, achten Sie auf bestimmte Details: Weiß ist eine Trauerfarbe, Rot bedeutet Glück und Uhren sind ein Symbol für Vergänglichkeit. Die Vier ist eine unheilverkündende Zahl, während die Acht als Glückszahl gilt. Besonders höflich ist es, das Geschenk mit beiden Händen zu überreichen. Wenn das Geschenk für eine Delegation gedacht ist, übergeben Sie es demjenigen mit dem höchsten Rang.

TIPP

Zu Tisch in China und Japan

Für beide Länder gibt es ein paar Regeln, mit denen Sie sich am besten bereits vor Ihrer Reise vertraut machen:

- → Vor dem Essen wird Ihnen ein feuchtes Tuch gereicht – dieses ist ausschließlich für die Hände gedacht, niemals für Gesicht und Nacken!
- → Lehnen Sie angebotene Speisen nie ab oder lassen Sie womöglich Ekel erkennen. Probieren Sie von allem – selbst wenn es Ihnen schwer fällt!
- → Wenn Sie mit Stäbchen essen, können Sie damit bei Ihren Geschäftspartnern punkten!
- → Die Stäbchen werden am Ende der Mahlzeit als Paar auf den Tisch neben Ihrer Schale abgelegt und nicht etwa in die Reisreste gesteckt.
- → Ein grober Fauxpas ist es, sich am Esstisch die Nase zu putzen!
- → Der Gastgeber füllt Ihnen den Teller – Sie sollten sich also auf keinen Fall selbst bedienen – dies gilt auch für das Nachschenken. Anderen Gästen jedoch dürfen Sie, sobald deren Glas über die Hälfte geleert ist, gerne nachschenken – diese werden dann wiederum Ihr Glas füllen.
- → Halten Sie sich an Trinksitten: Auf den Zuruf »Kampai« (»Zum Wohl«) leeren Sie Ihr Glas. Und zwar im Stehen – zumindest in China.

3 Das Englisch von Servicekräften ist meist sehr gewöhnungsbedürftig – wenn nicht sogar völlig unverständlich. Lassen Sie sich deshalb für die Taxifahrt Adressen in der Landessprache/-schrift aufschreiben. Und nehmen Sie sich im Hotel eine Visitenkarte mit – die sind meist zweisprachig!

4 Zeit ist in Asien ein sehr dehnbarer Begriff – und Geduld demzufolge eine Tugend. Wenn Sie Erfolg haben wollen, müssen Sie damit umzugehen lernen.

5 Wenn Ihr Gegenüber lächelt oder nickt, heißt das nur, dass er Ihnen zuhört – nicht aber, dass er Ihren Ausführungen zustimmt.

6 Verabschieden Sie sich immer souverän und mit Worten des Dankes, auch wenn ein Geschäftstermin für Sie nicht erfolgreich war.

7 Sowohl in China als auch in Japan rechnet man mit pünktlichem Erscheinen – Sie sollten auf keinen Fall mehr als fünf Minuten zu spät kommen. Zu gesellschaftlichen Veranstaltungen erscheint man in Japan sogar etwas früher als nötig.

8 In Thailand, Indonesien und auf den Philippinen isst man am besten wie die Einheimischen mit Gabel und Löffel. Anders in China, Japan und Korea: Hier haben Sie keine Wahl und werden zu den Stäbchen greifen müssen.

Bücher, die weiterhelfen

Althoff, Dieter-W.; Althoff, Waltraud: *Rhetorik & Kommunikation. Ein Lehr- und Übungsbuch.* Ernst Reinhardt Verlag, München

Amon, Ingrid: *Die Macht der Stimme. Persönlichkeit durch Klang, Volumen und Dynamik* (mit Audio-CD). Redline Wirtschaft, Frankfurt am Main

Au, Franziska von; Weiss, Christian: *Der neue Knigge. Sichere Umgangsformen für alle Situationen.* Südwest Verlag, München

Dick, Ulla: *Top im Job mit Soft Skills. Soziale Kompetenz von A–Z.* Bildung und Wissen Verlag, Nürnberg

Duden. Aussprachewörterbuch. Dudenverlag, Mannheim

Molcho, Samy: *Alles über Körpersprache. Sich selbst und andere besser verstehen.* Goldmann, München

Morris, Desmond: *Der nackte Affe.* Droemer Knaur, München

Oppel, Kai: *Business Knigge international. Der Schnellkurs.* Haufe Verlag, München

Reuschs, Fritz; Hey, Julius: *Der kleine Hey. Die Kunst des Sprechens* (auch als DVD erhältlich). M. DuMont Schauberg, Köln

Schwarzer, Alice: *Der kleine Unterschied und seine großen Folgen.* Fischer Taschenbuchverlag, Frankfurt am Main

Sendlmeier, Walter: *Sprechwirkung – Sprechstile in Funk und Fernsehen.* Logos Verlag, Berlin

Tannen, Deborah: *Du kannst mich einfach nicht verstehen. Warum Männer und Frauen aneinander vorbeireden.* Goldmann, München

Watzlawick, Paul; Beavin, Janet H.; Jackson, Don. D.: *Menschliche Kommunikation. Formen, Störungen, Paradoxien.* Huber, Bern

Bücher aus dem Gräfe und Unzer Verlag

Bonneau, Elisabeth: *300 Fragen zum guten Benehmen*

Bonneau, Elisabeth: *Erfolgsfaktor Smalltalk: Mühelos Kontakte knüpfen*

Hertzer, Karin: *Rhetorik im Job: In jeder Situation überzeugen*

Öttl, C.; Härter, G.: *Selbst-Marketing: Zeigen Sie, was in Ihnen steckt!*

Rupprecht-Stroell, Birgit: *Auslands-Knigge*

Vorbeck, Marion: *Image-Training*

Witt, Ute: *Ess- und Tisch-Knigge. Nie wieder peinlich!*

Links, die weiterhelfen

Sprechtraining

www.theateraufcd.de/doc/Lautschule.pdf Unter dieser Adresse finden Sie Regeln und Übungen zur Aussprache – sofern Ihr Computer MP3-fähig ist, können Sie sich die Übungen auch vorsprechen lassen.

Benehmen

www.stern.de/wirtschaft/arbeit-karriere/karriere/501601.html?eid=501191 Mit einem kostenlosen Test können Sie Ihre Manieren testen und die wichtigsten Regeln der Etikette erfahren.

Feiertage

www.bmaa.gv.at/up-media/feiertag_de.pdf Hier finden Sie alle Nationalfeiertage weltweit.

www.eiz-niedersachsen.de/797.html Hier finden Sie die Nationalfeiertage sowie Zahlen und Fakten zu allen europäischen Ländern. Außerdem ist es möglich, alle europäischen Feiertage in zeitlicher Abfolge in Form eines Jahreskalenders einzusehen.

Mobbing

www.mobbing-zentrale.com Diese Adresse bietet bundesweite Kontaktadressen von Beratungsstellen, ein Servicetelefon sowie die Möglichkeit zum online-Austausch mit anderen Betroffenen.

Register

Impressum

Wichtiger Hinweis

Die Beiträge in diesem Buch sind sorgfältig recherchiert und entsprechen dem aktuellen Stand. Abweichungen, beispielsweise durch seit Drucklegung geänderte Preise, Gebühren, Anlageentwicklungen WWW-Adressen etc., sind nicht auszuschließen. Weder Autorin noch Verlag können für eventuelle Nachteile oder Schäden, die aus den im Buch gegebenen praktischen Hinweisen resultieren, eine Haftung übernehmen.

Die Autorin

Franziska von Au ist *die* Knigge-Autorin Deutschlands. Sie hat mit dem Buch »Der neue Knigge« das Standardwerk zum Thema »gutes Benehmen in allen Situationen des täglichen Lebens« geschrieben.

100 JAHRE GANSKE VERLAGSGRUPPE

Programmleitung: Marta Vascotto

Leitende Redaktion: Anita Zellner

Redaktion: Esther Szolnoki

Lektorat: Andrea Stöcklein, Berlin

Umschlag: independent Medien-Design, München

Titel- und U4-Illustration: Isabelle Follath/if illustration

Innenlayout: Martin Knipping, independent Medien-Design

Herstellung: Bettina Häfele

Satz: Knipping Werbung GmbH, Berg/Starnberg

Repro: Fotolito Longo, Bozen

Druck: Firmengruppe APPL, aprinta druck, Wemding

Bindung: Firmengruppe APPL, m.appl GmbH, Wemding

Umwelthinweis: Dieses Buch wurde auf chlorfrei gebleichtem Papier gedruckt. Um Rohstoffe zu sparen, haben wir auf Folienverpackung verzichtet.

ISBN 978-3-7742-8847-8

1. Auflage 2007

DAS ORIGINAL · GU · MIT GARANTIE

Das Original mit Garantie

IHRE MEINUNG IST UNS WICHTIG. Deshalb möchten wir Ihre Kritik, gerne aber auch Ihr Lob erfahren, um als führender Ratgeberverlag für Sie noch besser zu werden. Darum: Schreiben Sie uns! Wir freuen uns auf Ihre Post und wünschen Ihnen viel Spaß mit Ihrem GU-Ratgeber.

UNSERE GARANTIE: Sollte ein GU-Ratgeber einmal einen Fehler enthalten, schicken Sie uns bitte das Buch mit einem kleinen Hinweis und der Quittung innerhalb von sechs Monaten nach dem Kauf zurück. Wir tauschen Ihnen den GU-Ratgeber gegen einen anderen zum gleichen oder einem ähnlichen Thema um.

Ihr GRÄFE UND UNZER VERLAG
Redaktion Leben & Lernen
Postfach 86 03 25
81630 München
Fax: 089/41981-113
e-mail: leserservice@graefe-und-unzer.de

GRÄFE UND UNZER
Ein Unternehmen der
GANSKE VERLAGSGRUPPE